ファッション
・コミュニケーション
・エンタテインメント

ローカル百貨店の挑戦

成澤五一
仲川秀樹 著

学文社

序文

ファッション・コミュニケーション

人が集まる空間、人の集まる街に共通するのは、そこをめざすシンボルが存在している。そのシンボルとは、そこに居住する人びとの欲求を満足させてくれる機能的空間である。大都市にはあらゆる場所に、人びとを満足させてくれるスポットの存在がある。マス・メディアで連日紹介され、ビジュアル的にも関心を抱く内容である。それは文化的な次元を中心としたコンテンツが多く含まれる、文化的スタイルとしての「衣食住」をカバーした空間である。衣はファッション、食はグルメ、住はエンタテインメントである。そこには当然のようにそこに集う人びとのコミュニケーションが存在する。そのような場所での人びとのやりとりを「ファッション・コミュニケーション」と呼びたい。

大都市には数多くのファッション・コミュニケーションを演出する舞台が揃っている。人が集まる空間については、『メディア文化の街とアイドル』（二〇〇五年）で触れたとおりである。大都市への一極集中はとどまる様子がない。その理由は「メディア環境」が充足されているからである。メディア環境とは、マス・メディアで取り上げられるさまざまなスポット、ファッションのお店からグルメ、アミューズメントなどのエンタテインメントの文化的娯楽的空間、そこに芸能人やタレント、オピニオン・リーダーなどのキーパーソン的な人びとが訪れ、紹介する多様なエリアである。メディアで流されるこのような空間は多くの人びとに興味を抱かせ、そこに向かう動機づけをおこなう。そのようなメディア環境は大都市に集中し、人びとはそこに目を向ける。この過程こそ、今日の社会の動向を示す顕著な社会的事実であろう。

人が集まる空間、人が集まる街が存在する反面、人の集まらない空間、人の集まらない街も存在する。一般的な大都市に対しての地方都市を意味する。先に結論を申し上げれば人口過密と人口過疎の点からいたしかたない事実でもある。さまざまな取り組みをおこなってもその時々の話題づくりに終わってしまい、その続きが成立しないのである。これは全国的な当該地域の問題であり、その対応策に困難が多い。

著者は、そんな問題を抱えて久しい、山形県酒田市中心市街地中町を対象に研究を開始してから、ちょうど一〇年が経過した。二〇〇三年の「中心市街地活性化研究」からはじまり、「商店街発アイドル研究」「メディア文化の街のゆくえ研究」「中心市街地のおしゃれとカワイイ研究」「百貨店の重要性と存在に関する研究」、そして「コンパクトシティと百貨店研究」と続いた。学生たちとのユニット別予備調査、学生全員でのフィールドワーク本調査、シンポジウムの開催を毎年繰り返してきた。その結果、地方都市の中心市街地に重要な「メディア環境の充実」をテーマに、とくにこの数年は、中心市街地のシンボルとしての「ローカル百貨店」を対象にした研究をメインにしている。地方都市でもメディア環境に沿ったスタイルを提供することで、地元の人びとの集まる空間を演出できるのではないかという試みであった。

酒田市中町にあるローカル百貨店「マリーン5清水屋」（以下、清水屋）はそのメディア環境を発信する有効な媒体になり得る可能性を抱いていると考え、研究のターゲットにした。第一次の研究結果は、『コンパクトシティと百貨店の社会学』（二〇一二年）にまとめた。郊外型ショッピングセンターやショッピングモール（以下、SC）全盛のなか、その勢いに中心市街地の商店街はなす術はないまま時が過ぎ去った。利便性やモータリゼーション、一か所で消費と娯楽行動が可能な施設は、多くの人びとの欲求を充たし続けた。ところが、最近、中心市街地に対する人びとの意識も大きく変わってきた。社会的な階層の消費にみる意識の変化である。高齢者の増加もそうであるが、安全で安心な街の重要性である。一つのエリアで生活を充足できる街の存在である。それが「コンパクトシティ」であった。コンパクトシティといっても、酒田市中町の場合、他の街と異なるのは、日常生活のなかでも、エンタテインメントつまり娯楽的な部分を発信する場所として、百貨店の存在をみるところである。その老舗百貨店である清水屋から発信するメディア文化としてのメディア環境に注目し、それがどのように地域社会に浸透しているのかを、これまで続けてきた研究に沿いながら分析を試みていくのが本書の目的でもある。

本書『ファッション・コミュニケーション・エンタテインメント―ローカル百貨店の挑戦―』の全体像は、ローカル百貨店清水屋の取り組みにあるメディア文化的方向性、それを社会学の基礎理論を背景にその実証的な部分を検証し、それが中心市街地から地域社会にどのような影響をおよぼし、人が集まる空間としての可能性をたどるものであるのか。基礎理論の部分と実践的な部分を分けて、展開していく。本書は、仲川秀樹（第一章、第二章、第五章、第六章、第七章、第八章）、成澤五一（第三章、第四章）がそれぞれ担当した。

第一章は、本書のタイトルでもあるファッション・コミュニケーション・エンタテインメントを社会学的視点から概念規定をおこなった。

第二章では、ローカル百貨店清水屋から発信する衣服を中心としたファッション、多彩なコミュニケーションを可能にするエリア、イベントやテーマ別のエンタテインメントを提供する空間を具体的に検証して、その効果を探った。

第三章は、ローカル百貨店の挑戦として、清水屋の歴史的展開、「中合」撤退から独自路線でのプレオープン、そして再生のための食や文化、アミューズメントの環境構築など、どのような目的と過程をもって、ローカル百貨店の基盤づくりを進めるのかを論じた。

第四章では、再生したローカル百貨店のグランドオープンによってもたらされた、メディア文化を取り入れた新しい百貨店スタイルを概観し、具体的な事例、実践的な事実を「劇場型文化」として発信する様子をまとめた。

第五章は、中心市街地のシンボルとしての百貨店にみるファッション性について、学生たちと一般市民を交えた、「二〇一二中町シンポジウム」の記録をまとめた。

第六章は、コンパクトシティとファッション・コミュニケーションをメインにした、「二〇一三中町シンポジウム」を衣食住を中心に、特筆すべき環境について語った。はじめてのミニ・ファッションショー開催にも触れた。

第七章は、フィールドワークの記録である。二〇一二年から二〇一三年にかけて実施したユニット別予備調査と本調査の過程、訪問した人びと、訪れた食空間など、実際の調査対象地をカバーし記録した。

第八章は、中心市街地中町、ローカル百貨店の日常、プリコーナーからレストラン、各種イベントの参加などをとおしての検証、フィールドワークの結果などをまとめた、学生の声である。

最後に結びでは、中心市街地の伝統を維持するために必要な環境を考えながら、中心市街地のシンボルでもある、ローカル百貨店を中心にした、周辺商店街との関係を再考する必要性を論じて結びとした。

二〇一二年の前書に続いて、今回の本書は、その続編的な性格をもっている。二〇一二年二月、「中合清水屋店」が撤退、中心市街地から百貨店が消滅するのではないか、酒田の伝統的な中心市街地中町のゆくえが危惧された。それから清水屋が独自のスタイルで、「マリーン5清水屋」として、三月にプレオープン、一〇月にグランドオープンとなった。中心市街地のシンボルを絶やさない、中町の歴史を維持し、あらたに「ファッション」「コミュニケーション」「エンタテインメント」を軸とした店舗運営は、新しいスタイルのローカル百貨店としての役割を果たすべく、立ち向かっている。ローカル百貨店を対象にアカデミズムと実践的な部分を併せ持った研究が本書である。

困難な状況のなかで本書を刊行するまで、たくさんの方々からのご教示を賜わった。フィールドワーク、予備調査・本調査、そしてシンポジウム開催にあたり、酒田市行政機関の方々、平野新聞舗の平野宣代表取締役社長および関係スタッフの方々には広報活動にあたりお世話になりました。マスコミ関係では、ユニット別予備調査でのコメントからシンポジウムの同行取材をとおした研究過程では、山形新聞酒田支社の田中大編集部長には確信的なサポートをいただきました。また、荘内日報酒田支社の堀裕記者には長年研究を見守っていただきました。そしてはじめて開催した「ミニ・ファッションショー」では、モデル学生へのファッションコーディネイトから装飾品の提供、ファッションショーの解説などで、オンワード「組曲」の後藤奈々さんにはお世話になりました。そして、佐々木健統轄GM、太田敬部長、辻繁記部長の方々をはじめ「マリーン5清水屋」の皆さんに感謝いたします。

最後に、共著者でもある「マリーン5清水屋」の成澤五一代表取締役社長の積極的な店舗運営にみる中心市街地再生の取り組みに大きな影響を受けました。そして、百貨店の食とコミュニケーション環境のあり方をいつも大局的に考える、菅原種生常務取締役の姿勢。お二人にはいつも大きな刺激をいただき、あらためて感謝の言葉を申し上げます。

東京―酒田、往復一、〇〇〇キロの旅は、毎回大変さがつきまといます。それでも酒田まつりのイベント参加、酒田の伝統的な食材を楽しみ、東京とはまた異なった環境は、学生たちにも刺激になりました。

中心市街地研究、百貨店研究の連続的な時間の過程で、二〇〇九年日本大学仲川ゼミナール（マスコミ基礎研究）ゼミ長の千野れいか、ゼミ長代行の原田怜子さんのお二人のように、卒業してからも酒田のことやシンポジウムを毎回応援してくれる卒業生たちの心強い存在があります。そして、二〇一二年ゼミ長の畠中理沙さんは、二年連続してシンポジウムに参加し、ゼミ運営に力を注いでくれました。現役の二〇一三年ゼミ長の渡辺涼子、そして神津愛奈、森下奈美、伊東霞、九石楓夏、芹澤美月、南友里衣、白井綾香、木原菜美のみなさんにも感謝します。

最後になりました、本書の出版は本研究にご理解いただいた学文社の田中千津子社長のおかげです。今回も大幅な原稿の遅れに、田中社長、編集スタッフのみなさんにもご迷惑をおかけしました。心からの感謝でいっぱいです。

本書の刊行は、こうした多くの方々のサポートの賜物です。ここに心から感謝の言葉を申し上げます。本当にありがとうございました。

二〇一四年五月

共著者　仲川　秀樹

目次

ファッション・コミュニケーション・エンタテインメント ―ローカル百貨店の挑戦―

第3章　ローカル百貨店の挑戦

第4章　ローカル百貨店から発信する文化

第1章 ファッション・コミュニケーション・エンタテインメントの基礎理論

第1節 ファッションを社会学する

1 ファッションはトータルコーディネイト

♠社会学で規定するファッション

ファッションと流行は同一のものとみなされることが多い。「いまの流行は」という問いに多くの人びとは、「(衣服である)ファッション」と答えるであろう。同一に理解されている流行とファッションの関係である。しかし、社会学の世界では流行とファッションを明確に区別する。「流行」(fashion)は、社会全体の流行りをカバーする一般用語である。(1) それに対して「ファッション」(fashion)は、衣服と装飾品を身に付けた全体としてのトータルコーディネイトの意味として用いる。したがって、ファッションは、人びとのライフ・スタイルに直接かかわり

(1) スタンダードな用語で、流行りの全体を表現する集合現象として表記する。

包括的な意味の表現でもある。(2) 身体を包むという狭いものより、衣服（着飾る）に合わせた食事やお茶の時間など環境面を含めて広い意味からとらえることができるため、ファッションの機能は広い。

♠ファッションの類似概念

流行もファッションもそれぞれ厳密な定義が存在しているなか、本書ではそれらを包括する上位概念として、「トレンド」（trend）という用語を使用する頻度の高いことにも触れておきたい。(3) トレンドやトレンディには、時代の潮流や方向性などの意味が存在し、一般的な流行りや衣服に関するファッションなどすべてをカバーした場合、トレンドという表現がわかりやすい。流行とファッションの区別の曖昧さを回避するためでもある。通常、ファッション関係では、「モード」（mode）、「スタイル」（style）、「ヴォーグ」（vogue）などの概念も存在する。(4) それ以外、政治や社会的な流行りを指す時には、「ブーム」（boom）が一般的である。いずれにしろ、ファッションという用語は、おしゃれでスマートな感覚であり、同時に華やかさが感じられる。そして、ファッショナブルなお店、ファッショナブルな服装、そこでの人びとのインタラクションの成立をみることから、ファッションとはファッション・コミュニケーションそのものである。

♠ファッションの特性

衣服を中心としたファッションには、いくつかの基本的特性をみることができる。一つは、ファッションに内在する新奇性である。はじめて登場したファッションモデルに対して人びとが抱く、新鮮さ、珍しさ、奇抜さ、斬新さなどである。ファッションから受ける影響は、若い

---

(2) 衣服と装飾品をコーディネイトし、その時間を楽しむスタイル。

(3) 仲川秀樹、二〇一〇年、『おしゃれとカワイイの社会学―酒田の街と都市の若者文化―』学文社、二ページ。時代の方向性、時代の潮流。本書では流行の上位概念として用いる。

(4) 仲川秀樹、二〇〇二年『サブカルチャー社会学』学陽書房、二七ページ。アメリカではファッション、フランスではモードとして衣服の流行とスタイルを意味する。

人たちほど敏感である。時間的余裕や、情報の受容度、就職前の組織的人間になる前の猶予もあり、柔軟性をもった選択ができるのが強みである。したがって、若者たちは最新の新奇なファッションを選択する可能性は高い。結果的に最新のトレンドの認知度は若者に多いという歴史的事実がある。(5)

しかし、年を重ねるごとに、ファッション選択に重みを増し、落ち着いた伝統的スタイルを好む傾向になる。ある種、自分のスタイルが完成し、ブランドやお店も確定しての消費行動に進んでいく。消費行動のセグメンテーション化になるため、送り手であるマーケター側の対応はそのカテゴリーに応じたものであり多彩である。

ファッションの潜在性と周期

その時々においてファッションにはトレンドとなる潜在的な要因をみることができる。フォーシーズンにおいて、今季はこんなデザインの服やカバンなどが欲しいという個人の意識こそ、その時点で多くの人たちが待望しているモデル（潜在している）である。現実に人びとの欲求を充たしてくれるモノに類似した商品の登場に、多くの人びとは群がるであろう。それが人びとに共通した潜在的モデルが表出することである。(6) 流行とは、時勢に遅れることなく、その状況を満足させるものが必要条件となる。

また、ファッション特有の周期性の存在も重要だ。シーズンに応じたファッションは発生から消滅までが明確である。その時季のスタイルが多くの人に受け入れられることでファッションとしてのトレンドを確立したことになる。そのファッションが広く浸透することによってそのモデルの新奇性は失われ、終焉に向かう。この場合の終焉とは、消滅と定着を意味する。(7) 当

(5) 仲川秀樹、二〇〇二年、前掲書、五九ページ。

(6) 潜在的に進行し、人びとの願望が相互のインパルスによって表出される。

(7) 仲川秀樹、二〇〇二年、前掲書、七六ページ。

該シーズンのみで消え去れば消滅であり、つぎのシーズンも同じスタイルが継続することは定番として、そのスタイルが定着することである。ここでいう周期とはファッションスタイルの繰り返しを指すのではなく、発生から消滅までのサイクルをいう。

ファッションに存在する瑣末性

当該シーズンで消滅するモデルは、人びとに浸透し満足され、その役目は終わったということである。飽きられるということは、もうそのスタイルに興味や関心はなくなりつぎのモデルへの選択へと向かうということである。ファッションも流行と同様に、発生したと思ったらいつしか消えてしまう。つかの間である。流行り廃りという言葉どおり、ファッションも一時的で瑣末である。(8) 近年のトレンドになっていた安価なカジュアル商品は、そのシーズンのみ限定でつぎのシーズンには着用しない。ある種の使い捨て状況が続いてきた。安くカワイクをコピーに量販店で実施してきたファッション傾向であった。

ファッション関連には、よく定番商品という存在がある。一般に高級ブランド品などに多く、伝統的なデザインや素材によるもので、トラディショナルとも呼ばれている。(9) 長い伝統と歴史をもつブランドで変わらないところに魅力がある。つねに、一定の顧客を維持し、一部モデルチェンジしながら受け継いでいる。ただもう一方のコマーシャリズム中心の世界では、大衆的な戦略ができるカジュアルや安価な商品を選択する階層も多く、流行品に足を運ぶ傾向は強い。そのシーズンだけ満足すればという意識でもある。

---

(8) 同上書、二八ページ。

(9) アメリカントラディショナル、ヨーロピアントラディショナル、いずれも老舗ブランドのオーセンティックモデルのスタイル。

2 ファッションする動機

♠ 周囲に合わせるファッション

新しいデザインの衣服がメーカーによって発表され、メディアで紹介され、話題になる。人びとはそれに群がる。群がるというのは他人の動向が気になることでもあり、それに合わせようとする、いわゆる社会的同調行為である。周囲に適応させることで自分も周囲と同じ基準で行動していることで安心感を得る。集団主義的スタイルであり、自己の環境内での人間関係を容易にするとされてきた。とくに、ファッションは身体表現にもかかわり、その空間に合わせることは重要なことであった。トレンド商品に限らず、公式行事の入学式や卒業式の子どもに付き添う父兄のスタイルなども、その環境に沿うものが多いのは一般的である。

♣ ファッションで区別したい

とはいいながらも、誰もが同じようなスタイルを好むとは考えにくい。少なくとも周囲とは違いを出したい。区別したいという欲求は、ファッションやおしゃれに関心が強い人ほど顕著である。そこで周囲に合わせる社会的同調行為に対し、他人と区別を図る差別化や差異化としての社会的分化がある。シーズンのトレンドがはっきりしている時、周囲は同一化したスタイルが多いのに、自分は同一化から少し離れた、デザインやカラーなどで、ワンポイントの違いを出すような商品選択とコーディネイトによって分化することだ。そこで必要になるのが、ある意味高級とするブランド商品である。大衆店舗とは異なる百貨店などの専門ショップの商品

(10) 流行選択の主要動機。G・ジンメル、一九一一年「流行論」(円子修平訳、一九七六年「流行」『ジンメル著作集七』白水社）によって提起。

(11) 流行選択の主要動機。G・ジンメル、一九一一年同上訳書。

である。差別化とは社会的地位を得るために、それ以外の人びとと区別されたい心理である。自己の他者に対しての優越感のたぐいである。

新奇なファッションを選択する人びと

スタンダードなファッションに対して、社会的に逸脱したスタイルの選択を望む人たちの存在をみる。ファッションの特性にもあったように、新奇で珍しいものにあこがれる人たちである。デザイナーズブランドや、伝統的スタイルに対して、反流行のスタイルを選択することである。アンチ・ファッションやアンチ・モードのような、商業化された流行、ブルジョアの流行などに対立するスタイルである。(12) かつてのストリート系や古着系などに代表されるエグゼクティヴに対抗するファッションである。サブカルチャーの代名詞ともされたファッションである。通常、ハイ・ファッションからポピュラー・ファッションと流れる様は、アンチ・ファッションを選択し、体制に対する拒否の姿勢を抱く様式でもあった。ところが昨今では、そうしたアンチ・ファッションは「体制内に編入」され、一つのファッションカテゴリーとして、イデオロギーとは関係なく人びとに浸透していった。このスタイルは社会的階層や属性を調べる分析対象となる。

ファッションの強迫観念

いつも他人に羨望の目でみられる「おしゃれな人」、「ファッションに長けてる人」は、シーズンごとの流行りに対する意識は高く、つねに、最新のトレンドをいち早く受容しているのが特徴である。ゆえにファッションに関しては、自分は周囲から期待されているという自意識も

---

(12) Descamps, M-A., 1979, *"Psychosociologie de la mode,"* P.U.F., M・A・デカン、一九七九年（杉山光信・杉山恵美子訳、一九八二年『流行の社会心理学』岩波書店、五六－五七ページ）。仲川秀樹、二〇〇二年、前掲書、二二ページ。

高い。ところがその期待は過度になり、純粋なファッションへの関心は遠のき、無理しても周囲の期待に応えようとしてしまう。その結果、強迫観念によるファッション選択を余儀なくされる[13]。その人にとって、周囲の期待を裏切ることで生ずる自己への風当たりを回避するには、無理をしてでもその世界を維持しようとする。ファッション感覚の高い人こそ強迫観念が、背中合わせであることを知るべきである。

もう一つは、一つのトレンドが広まっている状況で、その集団の仲間であることを誇示するためにそのトレンドを選択する傾向に走る。周辺の仲間に合わせようとする。それを否定するならある種の疎外を受ける事態にもなりかねない。別に合わせる気がなくても、周りからそのスタイルに参加していないと思われるのが嫌で無理に選択しようとする場合も多い。

♠プレステージ効果と理想への同化

いつの時代にも時代の旬と呼ばれるモデルやタレント、芸能人は多い。そのスタイルに対して人びとはあこがれを抱く。そして、そのタレントと同じようなファッションに身を包むという行為に走る。それは理想への同化である[14]。その心理的状態を見越し、各メーカーは、代表的な旬のタレントを採用して、シーズンのスタイルを提案する。その提案したスタイルに対し人びとは、そのタレントと同化するためのファッション選択をおこなう。

また、時代のキーパーソンとみなされる人物のスタイルも注目の対象となる。その人物が身に付けた衣服や、装飾品などの商品に関心が向く。いわゆるプレステージ効果である[15]。結果的に、その商品を多くの人びとが模倣することで、それはトレンド現象へと進む。人びとはその時代の旬の人物に共感した時、その人物のスタイルを模倣する行為を生む。その行為する人の

(13) 仲川秀樹、二〇〇二年、五三ページ。
(14) 同上書、五六ページ。
(15) 同上書、五五ページ。

数だけ、そのスタイルに共通したファッションが周辺に増加するということだ。

3　ファッションの周辺環境

ファッションの浸透度

ファッションは常に変化している。その速度は速い。シーズンに先がけ登場した商品は時機を逃すと、入手することは不可能になる。つぎのシーズンに同じ商品が登場する保証はない。一九七〇年代から八〇年代に豊富だったいわゆる定番品と呼ばれる商品が減少するようになって久しい(16)。定番品を入手するには、シーズン最初に生地とデザイン、モデルを選択し、オーダーによることしかできなくなってきた。それもブランド品に限られる場合が多い。

こうした状況の背景にあるのは、モデルの種類が多く、特定のブランドにこだわらない、安価で手に入りやすい商品を消費する傾向の人たちが増加したことにある。一九九〇年代後半以降、その流れは続いている。ファッションの変化に対応できるのは、時間やゆとりのある若い世代である。この世代の商品選択に合わせた戦略をマーケターがするならば、当然のように、カジュアルモデルの生産に走る傾向をみることができよう。少数の定番派の意見は通らなくなって久しい。少数の消費者より大多数の消費者優先の結果である。

先導するものと追随するもの

消費者個人よりも、送り手の都合により、商品モデルが市場に出回ることは多い。アパレル業界は、そのシーズンに発表されたモデルを商品化し、市場に送る。各店舗に商品が並ぶいつ

(16)　通称トラッド系の人気停滞に合わせ、メーカーはオーダー制にシフトするようになった。

もの光景である。一見、商品の選択は消費者にあるようにみえるが、実際はメーカー側にあることをもっと認識すべきである。消費者が望むデザインや素材よりも、送り手の都合により商品化される場合が多い。送り手側のデザイナーの感性一つで、そのシーズンの素材やデザインは決まってしまう。少数派の意見は無視されている。[17] 海外ブランド品は別の理由でそれが顕著である。消費者の欲求よりも、その商品を仕入れるバイヤーの事情によってそれは判断される。一般消費者が商品を比較し、選択する自由は制限されていることを知るべきである。ファッションを先導するものと追随するものとのあいだでの見えない事情である。その事情こそ、広告や宣伝にかかわる莫大な費用でありそれを回収するための手段である。[18] ファッションの浸透度にみられる根本的な送り手事情である。

♠ファッションの経済秩序

消費者にとって、昨年気に入りながらも買い損ねた商品を本年入手することは困難に等しい。メーカーは同じデザインを商品化しない。なぜなら、そのシーズンで売り切る方向へシフトした結果である。流行りは、その時点で終わるという考えは間違いではない。しかし、気に入ったデザインなどを長く着ていたいという選択は価格の低い商品には該当しないことである。量販店特有のそのシーズン限りで処分の対象とする、低価格戦略の成果でもある。[19]

高額なブランド品に限らず、それに準じたデザインで、比較的入手しやすい価格での商品販売を望む消費者は多い、しかし、それが困難になった昨今のアパレル業界事情こそ、経済秩序の制御されたファッションそのものである。かつて、高級ブランド品は、高級店で販売され、つぎに、ポピュラーなショップでそれに近い商品が販売され、最後はコピーされた安価な商品

(17) 各メーカーのデザイナーによる、トラッド系定番商品の選択権（売れる売れない）によるところが大きい。

(18) 仲川秀樹、二〇〇二年、前掲書、六〇ページ。

(19) ワンシーズンのみの使い捨てスタイル。

として量販店で販売されるという一連の図式があった。[20] しかしいまは異なり、ダイレクトに各店舗で商品化されたモデルが並び、完売し、あとはそれでシーズン終了を迎えている。送り手にしてみれば、その場その場での商品処理という事実は、リスクを回避した合理的な運営でもある。しかし、受け手である消費者の真のファッション感覚やファッション意識を育てるには問題も多い。真のおしゃれ感覚を身につけさせることにはならないようにも思う。ファッションの経済的リスクそのものである。

4 ファッション・リーダー

♠重要な情報の流れ

ファッションの流れを例に説明するために、ここではマスコミ基礎理論に沿いながら進めてみたい。送り手から発せられた内容が受け手へ伝達される過程を情報の流れという。とくに重要なのはコミュニケーションにおける「情報の流れ」(flow of information) である。[21]

一般に受け手が情報を認知するにあたり、重要な内容は第一次的にはマス・メディアを通じて人びとに伝達される。その結果、情報の流れはその最初の情報認知段階によって知ることになる。通常、そうした内容をキャッチするのは、マス・メディアの特派員や、その関係者である。情報の多くはマス・メディアがその最初の認知段階になり、それ以外の人びとに情報が伝達されていく。このような情報にある命令や指示、または報告などのように人間の社会環境において制御される情報の動きを、情報の流れという。一般に、一次情報と呼ばれるものは当人が直接コミュニケーション・キャッチするもので、もっとも信頼性のある情報ということにな

(20) Young, K., 1946, *Fashion, Handbook of Social Psychology*, Routledge & Kegan Paul, p.319. (副田あけみ訳、一九八一年「流行」『現代のエスプリNo. 171流行』至文堂、七四－八七ページ)。

(21) 露木茂・仲川秀樹、二〇〇四年『マス・コミュニケーション論―マス・メディアの総合的視点―』学文社、六二ページ。

る。それが間接的に二次、三次情報として流れると、その情報の信頼性は薄くなり、その結果が流言やうわさとして社会に拡散していくことになる。

♠影響をおよぼす人

もう一方で社会において人びとの意思決定を左右するコミュニケーションの力（影響力）が浸透していく過程を「影響の流れ」（flow of influence）という[22]。通常、影響の流れはマス・メディアの発する情報が有力な媒体となっている。しかし、社会における影響の流れの多くは、影響を受けた個人が影響を受けていない個人に対し、影響を与えることによってはじまる。そこで影響を与えるような個人を「オピニオン・リーダー」という。そして、コミュニケーション内容にオピニオン・リーダーがいかにかかわるかの程度で、その情報の性格や価値までが左右されることになる。単なる情報といえども、オピニオン・リーダーの存在いかんでその度合いも変わってしまうのが影響の流れである。

♠古典的な実証研究

流行とファッションと買い物行動のリーダーに関する古典的な研究を紹介したい。一九五五年の『パーソナル・インフルエンス』[23]である。マス・コミュニケーションの流れの研究から発見された「二段階の流れ仮説」（two step flow of communication）としても有名である。マス・メディアからの情報は、直接人びとに伝わるのではなく、そのあいだにオピニオン・リーダーであるキーパーソンの存在があり、その人物を通じて伝わってくるという。単なる情報が伝達されるということではなく、その人物から影響を受ける、影響の流れを指摘した。その結果、

---

(22) 同上書、六三ページ。

(23) Katz, E. and Lazarsfeld, P. F., 1955, *Personal Influence, The Part Played by People in the Flow of Mass Communications*, The Free Press.（竹内郁郎訳『パーソナル・インフルエンス―オピニオン・リーダーと人びとの意思決定―』培風館）。

そのオピニオン・リーダーによって個人の行動は決まってくるという仮説である。

この考えは、マス・メディアからダイレクトに情報が伝わり行動するという直接的コミュニケーションに対する間接的コミュニケーションともいえる。[24] マスコミ強力効果論主流のなか、マスコミ限定効果論としてその後の多くの研究に影響を与え続けてきた古典研究である。この過程は今日の消費行動にもみることができる。大都市と地方都市における女性のファッション受容の問題である。大都市の女性は比較的地味で、地方都市の女性は派手という見解である。この理由として、大都市の女性は、女性誌などの情報以外に、周囲の女性たちのスタイルを参考にしたファッションをする。地方都市の場合、女性誌の情報をそのまま選択したファッションをする。つまり、直接的ファッションと間接的ファッションとした区別で考えると、大都市の女性ほど、周囲の状況を経ての二段階の流れであり、地方都市の女性ほど、マス・メディア情報直接選択の一段階の流れということになる。[25]

♠買い物行動のリーダー

それでは、『パーソナル・インフルエンス』から買い物行動におけるリーダーについて紹介したい。多くの女性たちにとって日用品の買い物は絶えず繰り返される日常的慣習である。女性たちは新しい商品やいろいろなブランドの品質、また掘り出し物については、お互いに意見を交換し合う。その場合、どのような条件によってリーダーが生まれるのであろうか。これらの過程について、彼女たちの生活歴・社会的地位・社交性の三要因から検証した。[26]
一般に買い物行動に苦労しているのは育ち盛りの子どもをたくさんかかえている主婦に特徴的な現象である。それに比べて未婚女性は既婚者よりも家庭の日用品に関心をもつことは少な

---

(24) マスコミ限定効果論の一つ。大都市の女性は、メディア情報と、周囲のスタイルを参考にファッションをコーディネイトする。

(25) マスコミ強力効果論の一つ。地方の女性は、メディア環境が制限されているため、どうしてもメディア情報のみを最優先に選択してしまう。

(26) E・カッツ、P・E・ラザースフェルド、一九五五、竹内郁郎訳、前掲訳書、二三七ページ。

い。まして年長の婦人が未婚女性に日用品の買い物について相談をもちかけることは少ない。結果的に日用品の買い物行動におけるリーダーシップは大世帯主婦という生活歴のタイプである。(27) 大世帯の主婦たちは、買い物に大変強い関心をもっているので彼女たち相互のあいだで助言を求め合うことが多い。この生活歴タイプの女性たちのあいだに買い物行動のリーダーが集中している。

つぎに社交性と買い物行動のリーダーシップをみていく。社交性の高い女性たちは、たくさんの友人をもち、複数の組織にも所属している。つまり社会的接触の程度が大きければ大きいほど、彼女が買い物行動のリーダーになるチャンスも多い。社交性は買い物行動の一つの特性でもある。(28) 何よりリーダーとして行動するためには、少なくとも潜在的にフォロワーとの接触が必要不可欠。そうした接触が増加するほど、リーダーシップへの機会もそれだけ大きくなる。買い物行動におけるリーダーの社交性の高さはこうした予想を裏づける。

最後に社会的地位と買い物行動のリーダーシップとの関係である。基本的に買い物は、同じ社会的地位の境界内部に限定されていると考える。つまり、買い物の情報交換は同じ地位レベルの人たちによってなされている。同様に、商店や商店街に集まるのもだいたい同じ地位レベルの人たちによってなされている。(29) 商店や商店街はだいたい特定の地位向きになっている場合が多いため、婦人たちが買い物をしながらよく顔を合わせる相手も、異なった地位の人たちよりは、同程度の地位の人たちだということになりやすい。結果的に、買い物行動のリーダーは、どの社会的地位のなかにも同じくらいの割合でいる。それらのリーダーに助言を求めるのは、彼女自身と同じ地位の女性である。買い物行動のリーダーは彼女と同じ社会的地位になるといえる。

(27) 地域を問わず一般的な家族構成員の多い大世帯を意味する。

(28) ステータスとの関係もあるが、同一階層のなかでの情報交換が基本。

(29) 社会的属性や階層構造が共通している。

♠若い未婚の女性

人間行動のなかでもつねに変動を続ける流行への関心は高い。流行に関して誰もが抱く共通の思いは、流行に遅れないことにある。流行に関する対象のほとんどは、衣服や化粧品などの装飾品としてのファッションにかかわるものを指してのことであった。長いあいだ、流行を論じる場合、ほぼ「流行」イコール「服装」の図式によって取り上げられてきたことがそれをものがたっている。(30)

まず、ファッションを分析する時に考えられることは、誰もがその時勢に遅れをとりたくない、時代のトレンドを早くキャッチしたいという人びとの心理である。ファッションに関するリーダーを探ることとは、そんな多くの人びとの願望に応えてくれるような人をみつけることである。ファッション・リーダーも生活歴上の位置から探っていった。流行のリーダーシップが年配婦人よりも未婚女性において典型的であるという結果が生じた。なぜなら若い女性たちは独身であり、その多くはデイトに結婚にと目下売り出し中だからであった。(31)そんな彼女たちにとって、流行に遅れないことがこうした願望充足において有利な条件となる。たとえ、ファッションすることが全女性にとって重大関心事であっても、子どもをもった母親たちのあいだよりも、未婚女性のあいだの方が、ずっとその支配力は強いものと考えられる。それは未婚女性の場合には、時間的、精力的、財政的な面で流行に比較し得るような別の関心が、少ないという見解に立ってのことである。(32)

♠ファッションに関するリーダー

つまりこの見解では、若い女性たちが流行を選択する目的は結婚というゴールによって一応

---

(30) 流行はファッションのことを指すという固定観念。

(31) 竹内郁郎訳、前掲訳書、二五一－二五二。

(32) E・カッツらの指摘以外にも、G・ジンメルによる流行の女性の社会的進出度、男女差を示す考え方。

達成されることになる。そのため流行への関心やリーダーシップは、結婚を境にして減少し、さらに流行以外に競合する関心や活動が生じてくる母親ともなると、流行のリーダーになることはますます少なくなる。この結果、流行の圏外に出てしまう年配女性にいたっては、流行について助言者になる可能性はもっとも少なくなるという。

生活歴上の位置が上昇するにともない、リーダーになるものの割合は順次減少している。流行のリーダーシップと生活歴とのあいだにみられるこの直接的な関係は、女性が流行という舞台でリーダーになるチャンスに対して、年齢、結婚、母親になるといった要因が相乗的な効果をおよぼしているからである。(33) ファッション・リーダーを考える場合にも、買い物行動で明らかになった生活歴と社交性に関する指標があてはまる。社会的接触の範囲が広い女性は、人びとに影響を与えるチャンスがそれほど大きいということだけでも、流行のリーダーになりやすい。

つぎに、社交性そのものはその婦人がもっている対人的接触の度合いでもあり、関心の性質も示している。高い社交性をもった婦人は、自分が他人にどのような印象を与えるかということにも敏感であると考えられる。自分は多くのグループや個人と良好に相互行為することに気をつかっている。その一つに流行に遅れないことがあげられる。当然、社会的に孤立している人に比べて社交的な婦人たちは、流行に関して助言を求められる機会は多い。(34) しかも助言を望んでいる人たちとの接触機会が多いだけではなく、彼女らが流行のマーケットにおいてつねに心を配り、積極的でなければならないようなある種の強迫観念のような圧力のもとにあることも背景にあろう。この背景は流行理論研究においても取り上げられている。

それともう一つの要因である流行と社会的地位との関係を考えてみる。ここでは一般的なフ

---

(33) 結婚後の家庭環境によるところも大きい。夫の年収や生活水準によっても差がある。

(34) 日常の情報量は仕事量に関係することから、アドバイスの機会は増える。

アッション・リーダー像が魅惑的な女性であるといったタイプを指して論じるのではないこと。[35]魅惑的なタイプの女性ではなく、人間関係の場における影響者なのである。人間関係の場では、ファッション・リーダーが必ずしもモデルのような魅惑的な女性であるとは限らないこと。むしろ助言を必要としている女性にとって個人的な知り合いであり、気軽に助言を求めることができるような女性である可能性の方が強いのである。彼女らは普通の社会圏で生活していることの方が多い。

こうした事実は、助言を求める女性が彼女と同じ地位レベルの流行リーダーに依存する可能性を高めている。この見解に従うのであれば、流行のリーダーはどの社会階層のなかにも存在している。ゆえに階層を超えて影響が流れることは稀である。

5 ファッションの選択パターン

♠ファッション選択のプロセス

ファッション・リーダーは女性である。そのなかでもファッション・リーダーは若い女性である。『パーソナル・インフルエンス』の古典理論は、いまでも参考になるべき点は多い。若い女性の場合、目下売り出し中という要因とともに、時間的な余裕と流行への関心や、それへの接触頻度も高い。流行理論である革新的段階では、新しく発売されたモデルに注目が集まる。その先には若い女性たちの存在がある。[36]素早くそのモデルに接触し、その情報をさまざまな媒体を通じて周辺に影響を与え、結果、広められていく。拡散したモデルはヒット商品の兆しを覚えクローズアップされ、つぎのステップへと進んでいく。その先が選択的過程である。

---

(35) ステータスの存在がおしゃれとは限らない。あくまでも個人の嗜好と意識レベルにある。

(36) Blumer, H., 1968, Fashion, *International Encyclopedia of Social Sciences*, Vol.5, Macmillan & Free Press, p.343.

選択的過程は、トレンドなったそのモデル、つまり商品そのものが対象となる。いわゆるヒット商品としての価値である。革新的段階を経て、選択的過程に進んだ商品には、多彩な付加価値もあり、それを選択する大多数の人びとの傾向も浮かび上がる。そこには人びとが選択した理由として、ある一定の共通要因をみることになる。その共通要因を探ることで、時代性とか人びとの待望している潜在的な表出をみることになる。

ファッションへの共通の嗜好

一定の共通要因とは、そのファッションを選択した人びとの社会的属性である。それは個人が所属する環境にみることができる。集合的嗜好と呼ばれるもので、ファッションカテゴリーや、ファッション選択の社会的階層などが明確になる。[37] その他大勢といわれるような大規模なトレンドの場合、マス・メディアからの情報をダイレクトに選択する垂直的ファッションをみる。それに比べ、マス・メディアの情報が各階層において浸透していく場合、ファッションカテゴリーも分化され、水平的ファッションの優位性をみる。社会階層にみる分散化の意識は、ファッションの細分化を浸透させた。[38]

集合的嗜好は、ファッド的なトレンドを分析するに適したアプローチとなる。流行は集合行動の一つであるという性格を示すものである。人びとの集まりである集合体の重要性から生じている。

ファッションを選択する個人の積極的主体性

今日の個人の消費活動の特徴は、選択する商品への積極的な関与である。その商品の質や価

(37) Blumer, H., 1969, Fashion. From Class Differentiation to Collective Selection, *The Sociological Quarter* 10. p.284.

(38) 大規模な流行現象から、分化した流行としてのファッド現象をみる。

格から機能的な部分まで、消費にかかわる姿勢は的確である。そこにあるのは商品に対する自己の選択動機の強さでもある。参考する媒体は確かに多いが、最終的な選択は個人によるところが大きい。主体性をもった人びとの消費行動は、対象とするモデルの選択にあたり、積極的な行動によって示される。そのモデルに多くの人びと、つまり集合体が群がることでそのモデルは、その時点でトレンドを発生させることになる。この一連の過程こそ、集合的選択そのものである。(39)

集合行動の特性を示す、集合的嗜好と集合的選択の概念は、流行研究やファッションの傾向など、人びとの帰属している環境の次元を正確にとらえることを可能とする。歴史的過程としての歴史的連続性を追うことで、その時代や風俗にみる社会構造と社会変動過程を探る重要な社会学的研究となる。ファッションを社会学することは個人の選択動機からそれを可能にする社会的条件をみることでもある。

---

(39) Blumer, H., 1969, op. cit., pp.281-282.

第2節　コミュニケーションを社会学する

1　コミュニケーションの世界

♠コミュニケーションの基礎

「人間関係の基本」

コミュニケーションは人間関係を媒体する基本となる道具である。[40] 人間は、日常生活をはじめとした社会全般において、多くの人びとと社会関係をもっている。その時のやりとりは、言語を主とすることが一般的である。言語を用いた会話としての相互行為によりお互いの状況を把握し、人間関係をスムーズに導くことになる。自分の希望を相手に伝え、相手はそれに応えてくれる。そのように社会で、もっとも基本となる人間関係は、コミュニケーション（communication）をおいてない。コミュニケーションの重要度は、個人間の意思表示のみならず、周囲の人間関係に与える影響としても大きい。それだけにコミュニケーション能力とか、コミュニケーション度など、昨今のコミュニケーションをめぐる話題は拡大している。

♠コミュニケーションの基本的性質

「生活における情報の送受信」

コミュニケーションという用語は、一般社会のいたる場面で登場している。しかしその意味

(40) 仲川秀樹・塚越孝、二〇一一年『メディアとジャーナリズムの理論―基礎理論から実践的なジャーナリズム論へ―』同友館、四三ページ。

は多様である。むしろコミュニケーション自体が意味する内容から離れた状況下で、この用語が無意味に使用されることも多い。そこでまず、状況に応じて用いるべきコミュニケーションの意味を、正確にするための概念規定から出発したいと思う。

日常、情報という言葉が頻繁に飛び交う社会的な背景を考えたい。それと同じくして、コミュニケーションという言葉も、人間が生成する環境全般にわたり浸透を続けている。多様なエリアで、多くの情報が送り手から受け手である大多数の人びとに伝達されている。つねに人びとが望む情報をキャッチする環境は整っている。多くの人びとがこうした情報を受け入れた過程において、もっとも基本的なシステムを支えているのはコミュニケーションそのものである。

そのコミュニケーションの基本的な性質を考えるために必要なものとして取り上げられるのが、記号（sign）、信号（signal）、象徴（symbol）の三つである。(41)

最初の記号とは、その社会で意思伝達のために用いられた「しるし」である。その事象が存在していなくても、人間にその物事と同じような反応を引き起こさせる刺激こそ、その事象の記号である。つまり記号は、事象に代わるものとして、事象の性質を指示、あるいは意味する機能をもっている。一般的に、記号と事象との関係は複数の有機体のあいだに成立している共通の了解ないし、約束にもとづいている。記号がコミュニケーションの有効な媒介物になるのは、この共通性によるからである。広義において記号は、信号と象徴の上位概念に位置づけられる。

つぎに信号とは、一定の形・音・色・光などを用い、相手側に意思を通じさせる方法（合図）である。通常、人間の使用する記号の意味作用は、その状況や人間の主観において変移する。この変移の幅が大きくなると象徴になる。標識や案内板などは、一つの記号作用に対し一つの

(41) 同上書、三六ページ。

意味として結合している。その意味作用は固定的でありほとんど変移しない。広義の意味では記号の一種（含まれる）とされる(42)。

最後の象徴・シンボルは、日常何らかの観念や事物に代わってそれらを意味する。そのものには何の意味もないが、そこから意味解釈（連想・イメージ形成）することによってシンボルとしての機能が成立する。象徴という概念は、社会学の領域でも人間間の相互作用の媒体になり、重要な役割を担っている。シンボルと並列に表記され、使用されることも多い。

♠コミュニケーション的行為

「お互いの了解事項」

コミュニケーション的行為の理論は言語を媒介すること。通常、行為の概念を用いて、行為を意味づける時、行為者は何かの目的を指向しながら、それを達成すること、つまり成果をあげることをめざすことでもある。

それがコミュニケーションの場合は、行為者が他者とのあいだにある合意をつくりだすことをめざす。コミュニケーションは行為であるから、それに準じた行為をコミュニケーション的行為と呼んでいる(43)。すなわちコミュニケーション的行為は、成果を求めるのではなく、他者との合意に到達することを求める行為を意味している。成果から合意へという意味からコミュニケーション行為は、単なるコミュニケーションに比べ、一歩ふみ込んだ相互行為でもある。一方的に相手への希望を伝えるのではなく、相手がその希望に応えてくれ、合意することである。そこには信頼という意識がともなう。

コミュニケーション的行為とは、基本的には言語を媒介としながら理解し、了解を求め合う

(42) 同上書、三七ページ。

(43) 双方向的コミュニケーション以上に相互の確認が可能。

相互行為である。その本質は、日常的なコミュニケーション行為にあり、それを可能にしている規範的な了解事項、あるいは価値規範の相互承認という合理性の原理を再構成することによっている。(44) 日常、いかに信頼をともなう接し方ができているかにも関係し、信頼が深いほど相互の了解は多い。百貨店なら従業員と顧客との関係、従業員どうしの上下関係など、この概念は信頼をキーにしていることに注目したい。

♠人間関係とシンボル

「言語とは意思伝達を円滑にする」

言語は人間間の意思伝達を円滑にする媒体物でもある。人間関係における情報を管理するもっとも重要なものである「言語」から人間行動を考えてみる。一般に言語とは、人間間における意思伝達をおこなう手段の一つであり、音を利用した記号の体系である。ここでは、言語の二つの機能を紹介したい。(45)

第一に、コミュニケーション過程の社会的機能である。

これまで述べてきたように人間関係における意思伝達のもっとも基本となる機能である。

第二に、言語の表出とカタルシス（catharsis）である。

カタルシスとは心のなかのしこりを吐き出すことで感情浄化を意味する。個人が内的にめぐらす意思の数々を他者に話すことは、相手に要件を伝えるのみならず、心のしこりを表出する作用にもなる。ストレス解消の原動力にもなっている。

「記号環境としての現実環境と擬似環境」

言語と同様に人間行動におけるコミュニケーション上、必要不可欠なものが記号である。記

(44) Habermas, J., 1981, Theorie des Kommunikativen Handelns, Bde.1-2., Suhrkamp, Verlag, Ffm.（河上倫逸・平井俊彦訳、一九八五年『コミュニケイション的行為の理論（上）』未来社）。

(45) 露木茂・仲川秀樹、二〇〇四年、前掲書、七ページ。

号のもつ意味から派生するものとして記号環境という概念がある。記号環境とは、人間が社会生活という「現実」のなかで形成される環境である現実環境と、周囲の情報や記号によって影響を受け、人間の内面に抱かれた想像によってつくられた、環境と融合させた擬似環境と呼ばれるものをいう(46)。

ところが今日のメディアがつくる記号環境は、リアリティという点で五感がとらえた現実環境を超えることが多い。たとえば、テレビ・カメラ、現実の過程を再現する取材、伝達、表現体制が提示する記号環境は、本来、現実環境と同格でなくてはならない。それは個人がメディアから離れている場合であっても、そのものを現実のものにすることで、擬似環境も現実環境と同格にあつかわれることもある。それはメディアのなかに存在している環境を個人の想像力から発生させ、そこにある生活様式や行動様式といった文化的側面を日常生活に結びつけることによってである。

「象徴・シンボル」

社会生活のなかで人間行動は、単に行為そのものが個人の意思によるものだけではない。個人が他者と相互作用することにおいて人間行動は成立していく。そこには意思決定手段としての言語や記号によるコミュニケーションの媒体物が存在していた。この媒体物を言語や記号という人間の相互作用におけるシンボルという概念から考えてみたい。

シンボルは一般に象徴と表記されているが、その概念は記号のもつ象徴性の意図的な駆使によって成立し、何らかの観念や事物に代わりそれらを意味するものとして用いられる。単に広義で使用される記号とは異なり、意味解釈を含んだ象徴である。それ自体は、特定のなにものをも意味していないが、ほとんどのものと結びつくことができる。それが象徴作用と呼ばれ、

(46) 仲川秀樹・塚越孝、二〇一一年、前掲書、三六ページ。

シンボルは単なる記号でなく、知・情・意を含む人間の精神作用全体を喚起し方向づけるものとしての意味をともなっている。(47)

♠コミュニケーションとシンボリックの世界

「相手の背景をみてコミュニケーションする、シンボリック相互作用論」

コミュニケーションの中心に位置するのは言語や記号、そしてシンボル・象徴である。なかでもシンボルはそのものには何の意味もないが、その背景にある意味解釈によって、はじめてシンボルの機能が成立する。このシンボルのもつ意味を人間行動のなかで作用させたのが、H・ブルーマーの提唱したシンボリック相互作用論である。

ブルーマーによるシンボリック相互作用論とは、「社会生活における人間の行為は象徴（シンボルのもつ意味の解釈）を媒体にした相互作用」と考える。それは日常、人間が間接的になす他者との相互行為は、象徴を媒体にして、間接的に接触することである。つまり、人間のすべての行為は、対象とその背景にある意味をやりとりすることにほかならない。

「シンボリック相互作用論成立の前提」

シンボリック相互作用論が成立する前提を、ブルーマーはつぎの三点からとらえた。

第一に、人間の行為はものごとの意味にもとづいてなされる。ここでのものごととは、人間が自分の世界のなかで気にとめるあらゆるものを含む。つまり、木や椅子といった物理的な対象、母親とか店員とかいった他者、友人とか敵といった他者のカテゴリー、学校や政府などの制度、日常生活の出来事などの状況を含んだものである。

第二に、意味は他の人間との社会的相互作用において形づくられる。

(47) 富永健一、一九九七年『環境と情報の社会学—社会環境と文化環境—』日科技連出版社、二一〇-二一一ページ。

第三に、その意味は人間によって解釈される。(48)

人間関係のなかで生じるシンボリック相互作用論の前提は、コミュニケーション成立にも欠かせない。コミュニケーションの有無やその度合いにかかわるシンボリックな側面こそ、コミュニケーションを理解する鍵ともなる。

2　コミュニケーションの意味

♠コミュニケーションとは

「一言でいうと伝達である」

コミュニケーションを日常的にとらえるならば、人びとがさまざまな記号を使いながらメッセージした内容を伝達・交換する過程を意味する。つまり、コミュニケーションとは、「伝達」である。コミュニケーションの詳細は、「身体の身振りや言語、文字、視覚などによる記号を媒体として、感情・意思・情報などを伝達し合う人間の相互作用過程」である。(49)

具体的には、毎朝自宅を出る時に家族や近隣の人と挨拶を交わす。途中、顔見知りの人に会えばそこで会話をする。また駅に着いて電車に変更などがあれば掲示板などで、その内容を確認する。電車内での新聞や雑誌の見出しをみて、その日のトップニュースを知ることもある。ニュース内容からその日の行動に何らかの方向性を示すこともある。通勤や通学の途中、クラスメートの言葉や感情に反応することや、昨夜のテレビ番組の内容やスポーツの試合結果に一喜一憂したりすることである。

それではつぎにコミュニケーションの類型を説明しながら整理してみたい。

---

(48) Blumer, H., *Symbolic Interactionism: Perspective and Method*, Prentice-Hall.（後藤将之訳、一九九一年『シンボリック相互作用論―パースペクティヴと方法―』勁草書房、二－三ページ）。

(49) 仲川秀樹・塚越孝、二〇一一年、前掲書、四六ページ。

♠コミュニケーションの類型（個人の次元にみる類型）(50)

「個人内コミュニケーション（intra-personal communication）」

個人が自分自身につぶやいたり、自己の思いや考えを内的にめぐらしたりする。街頭の広告看板をみての感想を心で思うこと。仕事がはじまる前に資料の準備はすんだとか、自分で作成した企画書類が会議で評価されるだろうかとか、自分の担当したプロジェクトの進行具合はどうなっているのか、ランチのメニューをみて、今日のお昼はこれにしようとかなど、通学や通勤途中などでさまざまな思いを内的にめぐらすことなどである。個人内コミュニケーションは、日々の生活のなかで人間がもっとも多くおこなうコミュニケーションである。

「個人間コミュニケーション（inter-personal communication）」

この形態は、日常よくある自己と他者とのやりとりである。今週の百貨店のチラシみたとか、今朝のあのニュースどう思うとか、基本的な個人個人の相互行為で、自己がメッセージの送り手になったり、受け手になったりする。相手が存在すればいつでもどこでも実現可能なコミュニケーション形態である。一般的な社会生活を送る人間であれば多かれ少なかれ、必ずおこなうコミュニケーションである。人間社会において、すべてに該当する個人間コミュニケーションは、オーソドックスなコミュニケーションとなっている。くちコミュニケーション（くちコミ）という表現もあるが、このくちコミは個人間コミュニケーションのスタイルに沿ったものと考えられよう。

「パーソナル・コミュニケーション（personal communication）」

個人が動作や音声などの身体的手段および媒体物などを用いたコミュニケーションである。具体的には、個人間における電話や手紙などによるスタイルを指す。この形態は、年齢や職業

(50) 同上書、五二－五三ページ。

などの社会的属性によっても相違がみられる。ビジネスの世界から若者の通信手段まで、今日主流になっているスマートフォンや携帯電話の電子メールなどの普及によりその回数も多い。かつて女子高生が注目させたＰＨＳや伝言メールなどは、パーソナル・コミュニケーションをより増長させるきっかけをつくった。また、日常生活において手紙を書くことが好きな人びとにとってこのスタイルは、重要なコミュニケーション手段となっている。このパーソナル・コミュニケーションは職業や年齢、趣味や人間関係によって使用される方法も異なるコミュニケーション形態となっている。

♠コミュニケーションの類型（社会の次元にみる類型(51)）

「集団内コミュニケーション（intra-group communication）」

家族・友人・近隣関係という基礎集団をはじめとする小集団から、学校・企業の部課内での会議や打ち合わせなどのやりとり、さらには各種のサークルや文化的な趣味のクラブでの会話、そして町内会の寄り合い的なものなど広い社会集団内にみられるコミュニケーションである。

「集団間コミュニケーション（inter-group communication）」

ある規模の人間集団どうしのあいだでのコミュニケーションをいう。国会などで行われる政党間の議論は集団間コミュニケーションの典型である。また公共団体の地方ブロック単位ごとの会議、業種別の代表による会議などもこの形態である。この他には規模の大小によるものの大学のゼミナールやサークル間での討論のようなスタイルにもみられる。

「国際コミュニケーション（international communication）」

国連や先進国首脳会議（サミット）などの国際会議を代表とする、国家的レベルの単位によ

---

(51) 同上書、五四－五五ページ。

るコミュニケーション形態。国際的問題や課題など、国家間の議題に応じて招集される各国の代表団どうしでの会議やレセプションなども含まれる。人種・民族などの分化されたブロックどうしではつねに国際間の問題解決にあたる。政治以外の社会的文化的な催し物などインターナショナルなイベントにおいても成立している。

「マス・コミュニケーション(mass communication)」

現代社会におけるもっとも大きなコミュニケーション形態である。情報の送り手が原則として一つに対し、受け手は不特定多数の人びとにわたる伝達プロセスを指している。特定の内容(情報)がテレビ・ラジオ・新聞・雑誌などを媒体として人びとへ送られるコミュニケーションをいい、一般的には、大衆における伝達ともいわれる。

♠コミュニケーションの類型(文化の次元にみる類型)(52)

「異文化間コミュニケーション(intercultural communication)」

異なった生活様式や行動様式の環境にあるものどうしのコミュニケーションである。慣習や風習、生活水準、社会環境の異なる社会のあいだでの伝達過程などを意味する。事例としては、現地調査のため社会構造の異なる地域に入った調査隊などが現地人とコミュニケーションすることなどである。マス・メディアのドキュメンタリー番組制作のために国内外を問わず、異文化の人びととのコミュニケーション機会も増加している。日常と異なる世界との遭遇によるカルチャーショックのような外的環境からの刺激もあり、相互に影響のおよぼし合いの効果が反映されるコミュニケーションでもある。

(52) 同上書、五五 - 五六ページ。

「世代間コミュニケーション（generation communication）」

世代の異なる人びとどうしによるコミュニケーション。出生時期などコーホート（同時出生集団）などにみる思考の違いは文化的スタイルや生活スタイルを区別する意味では重要である。(53) 世代間格差や価値観の相違などを説明する上で判断材料となるコミュニケーション形態である。物事の判断基準の違いが明確になるとともに、社会システムのゆがみを埋める共通要因を導き出すこともあり、重要なやりとりにもなる。

3 コミュニケーションの構造

♠マス・コミュニケーションとの関係

コミュニケーションのオーソドックスな価値を考えてみる。コミュニケーションの重要性と存在価値は、「社会の緊急要請に対応する有効な手段」としての機能である。(54)

人間はいかなる時も自己の環境や、自己の周囲を安全に維持し続けることに神経を配ってきた。また、人間は自己に危険や危機的状況が生じることを予測し、伝達してくれる何かを必要としてきた。その結果、人間はさまざまな意見や事実、自己の決定に判断を下す情報を人びとのコミュニケーションの存在に求めることになったのである。

今日、コミュニケーション環境は拡大し、マス・コミュニケーションという用語として、新聞・テレビ・ラジオ・雑誌という通称マスコミ四媒体に、映画や広告など、その媒体を総合的に表示する意味をもつものとして一般に浸透している。そして、マス・コミュニケーションの媒体を意味するマス・メディアは、本質的には組織された一つの集団としての性格をもってい

(53) 世代間・階層間問題の準拠になる重要な視点。

(54) Schramm, W. (ed.), 1949, *Mass Communication*, University of Illinois Press.（学習院大学社会学研究室訳、一九六八年『新版マス・コミュニケーション―マス・メディアの総合的研究―』東京創元社、六六ページ）。

る。この集団は、同一の内容をほぼ同時に大多数の人びとに流布するための役割を担っている。

日常生活においても、近隣社会としての町内会での連絡網、回覧板という紙媒体を用いたネットワークはいまだ健在である。緊急網としての電話連絡やインターネットなどの連絡が並列している小中高でも、プリント印刷などのアナログは不可欠なものとなっている。宅配される新聞や広報なども同じようにいえる。広告などの案内、売り出し内容、各種公的行事のイベント案内は、毎日のようにチェック確認されているコミュニケーション媒体である。

♠大規模で複雑な社会をカバー

今日の情報環境は、大規模で複雑な社会をカバーしていることである。小規模社会のような一部分のみでの情報交換から、都市的空間を横断するような情報交換に変わっている。百貨店のチラシなど県をまたいでの配布も珍しいことではない。コミュニケーションの拡大は、多彩なスタイルの媒体が増加していることでもある。

しかし、個人間コミュニケーションからパーソナル・コミュニケーションとしたネットワークの存在は侮れない。スーパーマーケットのチラシ一つをとってもコミュニケーション方法によってその広がりは直接的な来客に影響をもたらすことになる。地域社会でのコミュニケーションこそ、小規模集団ながら確実な行動を促す要因になることは否定できない。地域社会の規模の拡大は都市的世界を生み、これまで個人がおこなってきた各々の役割を個人でカバーするには、不可能な環境にと発展していったのも確かである。人びとが依存し、満足させる対象はより拡大している。その現状に応えられるものも限られてくる。

社会の進化は、過去と異なり役割も大きく分化されていく時代に入った。そこで登場したのが個人に代わる役割を果たす、マス・コミュニケーションの存在であった。そのマス・コミュニケーションの周辺に位置する通常のコミュニケーションの存在も再考しておく必要がある。

4　コミュニケーションの機能

♠環境監視・意思決定・世代への継承

「情報を提供する役割、環境監視の機能」(55)

Ｈ・Ｄ・ラスウェルによるコミュニケーションの機能は社会や集団における人びとの生活環境を監視する役割である。小規模な社会であれば、グループに応じたリーダーを代表に、そのメンバー間で決められた人間が、周辺の安全な環境を維持するために監視をおこなう。天候や危機管理的部分でも大きな役割を果たす。都市化が浸透した大規模な環境のなかでも、コミュニケーションネットワークの存在はより重要になってくる。マス・メディアをはじめとする媒体がその情報を提供する役割を担う。

「情報の必要判断をする、環境に適応する場合の構成要素間の相互作用」

この機能はその社会に所属するメンバーが自分たちの生活環境全般に対し、自ら話し合い、意思決定を下すことである。地域社会では代表者の提案をメンバーが議論し、必要な内容を人びとに連絡する。国家レベルであれば、政府と世論との相互関係によってその方向が定まるであろう。今日では人びとに直面するそうした政策への意見や論評などの判断材料を提供するのがマス・メディアとなった。

(55)　同上訳書、六七ページ。

「情報を伝える役割、世代から世代への社会的遺産の伝達」

この機能は地域の集団単位や、国家などで決定された政策などを、世代をとおして伝達する役割である。これは家庭の親子間のしつけというコミュニケーションから学校や企業での教育的なコミュニケーション指導などを意味する。親から子、老人から若者へ、伝承的なコミュニケーションを用いて、世代間の遺産を伝達するのである。近年では、マス・メディアが先陣を切って、そうした内容をアーカイブ系のソフトにまとめ、かつての記録が多様なスタイルで継承されていく様子をみることができる。

ラスウェルのコミュニケーションの機能は社会的コミュニケーションの過程において成立する。環境の監視によって、地域社会の共同体を構成する単位の安全を維持するとともに、その地域発展の機会を担うはたらきをもつ。環境に反応する場合の構成要素間の相互作用での人びとのかかわりが連続的であることを証明する。そして社会的遺産の伝達においてはまさしく、人間であることの事実を明らかにし、同時に安全防衛と進化に必要な資源を後世に残すことになる。

♠情報判断・討論・教師

「情報の判断材料を提供する役割、見張りの機能（watcher）[56]」

W・シュラムの分類として、情報をキャッチする媒体の多くは、新聞・テレビ・ラジオなどの報道によってである。あるいは周囲の人びととのコミュニケーション内容によるところが多い。いずれにしろ生活全般にあたり、コミュニケーション環境の必要性は当然であろう。日常あらゆる場面での選択、高校受験や大学受験、買い物などの消費行動など、何を判断材料にす

（56） Schramm, W.,1964, *Mass Media and National Development*, UNESCO.

るか、その内容に詳しいキーパーソンの言葉か、マス・メディアの各種内容なのか。人びとの判断材料を提供する役割こそコミュニケーションによっている。それを与える人びとやマス・メディアは、ふだんから人びとが必要とする情報収集を進めている。人びとに対し、見張りの役割を担っていることになる。

「情報の問題点などを提案する役割、討論の機能（forum）」

この機能は多くの情報から得た問題点や論点、状況などを総合的に判断し、それにどのような対応をとるべきかを検討する場をコミュニケーションによって提供することである。一般的には各メディア機関における主張や論評などがこれにあたり、問題提起などの形で世論に投げかける。また、周辺に存在する専門家やオピニオン・リーダーとの会話のなかから、問題点などを知ることになる。その反応として人びとの集合的見解が世論を形成し、それに対する別の見解が登場する。多様な問題に討論や話し合いなどの環境を促進させる。

「情報を解説する役割、教師の機能（teacher）」

この機能は日常の出来事のなかで発生したさまざまな問題、情報、課題などを人びとに解説しながらその内容を伝達することである。その場合、解説記事や特集記事などはその時勢に沿った内容が多い。一番ホットな内容を伝えることは、人びとの知識を高めることにもなる。教師や専門家の解説記事をキャッチすることはコミュニケーションをとおしての場合が多い。

♠地位付与・規範の強制・情報過多

「世間の注目を浴びせる役割、地位付与の機能(57)」

P・F・ラザースフェルドとR・K・マートンの分類によるこの機能は情報を個人に集中す

(57) Schramm, W. (ed.), 1949, 学習院大学社会学研究室訳、一九六八年、二七六－二八二ページ。

ることによって、その個人をある地位に押し上げることである。コミュニケーションの社会的な問題、人物、組織および社会的活動にある地位を付与することである。マス・メディアはそれぞれの状況に応じた個人や集団の地位を正当化し、彼らに威信・プレステージを与え彼らの権威を高める。

たとえば、ある個人にスポットをあてた新聞やテレビなどのニュース、あるいは雑誌などで取り上げられるとする。取り上げられた個人はこれまでは大衆のなかでは無名だった。ところが、選び出された個人は一夜にして重要な人物になる。そして選ばれた特定の個人の行動や意見は大多数の人びとから注目の的になってしまう。こうしたスポットは、一般の人びとに、その人物は高い地位を占めていると思わせる。巨大で強力なマスコミの世界からただ注目を浴びることで地位は高められるのである。

「社会的制裁を浴びせる役割、社会規範の強制の機能」

逆にコミュニケーション内容により、高名な人でも報道内容で、一転して批判の対象になる。ある個人や集団などが公の道徳や規範に背いた時、その出来事を明るみに出す。そして組織的な社会的行動としての口火を切る。各個人や集団にとって社会規範に逸脱した事実が表出するということは、その他の人びとの欲望や衝動の抑止を解く役目を果たすことでもある。制裁のレベルも村八分的なものから間接批判など多様である。

「情報の洪水にさらす役割、麻酔的悪作用の機能」

この機能は一般の読者や視聴者がマス・メディアによる情報の洪水にさらされると、単に情報をキャッチすることよりもその情報過多に麻痺させられてしまう。その内容は関係をもつ人びととの会話に移り、そのコミュニケーション内容が同じ情報の次元に陥る時、周囲になびいてしまうことになる。その内容には人びとがどのような判断をし、対応していくかの行動パターンも特定される。この場合、正確な内容をよみとることが不可能になることもある。とくに政治やイデオロギーに関する問題などの判断は重要である。マス・メディアから送られた情報量だけで満足してしまうことは危険でもある。与えられた情報量によって個人が選択し行動したという錯覚に陥ることも少なくない。結局、マス・メディアからキャッチした情報は、現実の社会問題に対する二次的な接触であり、直接的な一次情報ではない。したがって、多くの人びとは情報の洪水に覆われた内容で実際の行動をおこなってしまう。

ある意味この麻酔的悪作用の機能こそ、コミュニケーション効果を最大限象徴しているようにも思える。その効果はマスコミによって麻痺させられてしまった人が、自分でそれと気がつかないほど完全だという。マス・メディアによって多くの人びとが入手する情報の質は高まった。しかし、受け手側の意図とは関係なく、限定的なコミュニケーション環境から受容するものが増加するほど、それが無意識のうちに人びとの主体的な行動や判断を鈍らせてしまう懸念は大きいといえよう。

5 コミュニケーションにみる受容と効果

♠一定の方向へ誘い出す心理的誘発過程

受容過程研究はマス・コミュニケーションに対して、人びとが感情面でどのような誘発を受けるかという心理的過程も興味の対象となる。その過程をD・カートライトは、説得を意図したコミュニケーションが効果をもたせるため、人びとの内面に一連の心理的状況を誘発させる状態が発生することを明らかにした。具体的な誘発過程はつぎのとおりである[58]。

第一に「特定の認知構造の形成」である。これは受け手に送り手の対象モデルを知らせることである。マーケターは消費者に商品モデルを広告などの活動によって告知していく。

第二に「特定の動機的構造の形成」である。これは受け手を送り手の対象モデルに向かわせることである。商品モデルの関心は、より強くなり意識下におかれる。

第三に「特定の行動的構造の形成」である。これは受け手に送り手の対象モデルを選択させることである。商品モデルを購入してもらう結果を導く。

カートライトの指摘した説得的コミュニケーションは、個々人の内面にある心理状態をある一定の方向に誘い出すことにある。とくに、認知・動機・行動とする図式はコミュニケーションの受容過程そのものといえる。人びとの行為は最初にその内容を彼らが認知することからはじまる。それには何らかの動機が存在するわけで、その動機には人びとの社会環境や準拠集団などの影響が絡んでいる。それらが影響をもたせながら実際の行動へと展開していくことになる。

♠コミュニケーションの効果分析

受け手調査は効果分析（effect analysis）を生んだ。つまり、受け手調査がコミュニケーションの受け手側を対象とするように、効果分析はコミュニケーションの受容過程を送り手側からとらえる立場である。送り手側は受け手の事情を理解することで、マス・メディアの有効性と説得的コミュニケーションとしての役割をより鮮明にすることができる。コミュニケーションの受容過程研究は、受け手調査と効果分析の両アプローチを中心としながら今後も注目され続

（58） Cartwright, D., 1954, Some Principles of Mass Communication, *Human Rerations*, pp.253-367.

けよう。

受容過程研究における受け手調査は、コミュニケーションの内容から人びとが何を得て、それが人びとの行動パターンにどのような影響をおよぼしているかというきわめて現実的な問題の解明をめざしている。したがって、その結果に注目するのはマス・コミュニケーションの送り手であることからも、受け手調査は両者にとって興味深いものとなっている。

効果分析は、エール大学のC・I・ホヴランドが中心となり実施した。ホヴランドは効果分析の目的を説得的コミュニケーションからとらえた。(59) 受け手分析とは、対称的に送り手の側からどのような意図をもちコミュニケーションの伝達をおこなおうとしているのか、その目的は何なのかを明らかにしようとする。受け手側の具体的な効果を知ることは、送り手側のコミュニケーション意図がどの程度進んでいるのかを計るバロメーターでもあり、送り手としては貴重な資料となる。

♠宣伝効果が形成される過程

送り手の意図する方向に、受け手の意見・態度あるいは行動を変容しようと動く、送り手・メッセージ・媒体・受け手・状況などの諸要因をあげるL・W・ドゥーブの指摘である。(60) これらの要因からとくに説得的コミュニケーションの効果を媒介とする宣伝効果が形成される過程をつぎのように提示した。百貨店の宣伝効果から考えてみたい。

第一は人びとが「知覚される段階」である。いま、百貨店ではどのような商品が陳列されているのだろう。シーズンのファッションはどのようなトレンドがあるのだろう。最初の段階は送り手（百貨店側）が受け手（消費者・顧客）に具体的なモデルを示すことである。

---

(59) 強制なき同調として、送り手の意図している方向に受け手を誘導する。

(60) Doob, L. W., 1948, *Public Opinion and Propaganda*, New York.

第二には「宣伝がめざしている最終目標に人びとが何らかの形で関連をもち、かつそれに先行すると考えられる反応の起こる段階」である。チラシをみて、何かいい商品があるといった具合に、この段階で送り手が示したモデルに関心をもち、そのモデルをもっと深く知りたいと思うことである。

第三は「宣伝内容を学習しそれを承認する段階」である。チラシ掲載商品を何度もみて、記憶した段階で送り手の示したモデルに対し、受け手がこれはいいと判断することである。

そして第四は「外面的な行動として結果する段階」である。百貨店に足を運ぶことにより、これは送り手によって示されたモデルを受け手が直接入手するための行動結果である。

ドゥーブの場合、受容過程の構造を宣伝の面から論じながら、最初に人びとの知覚によって反応したその効果に注目した。つまりその効果を人びとが学習し承認すれば、外面的な行動を起こすことになる。宣伝という説得的コミュニケーションそのものの効果をみるための段階を、受け手側の動きに沿って追っていく方法である。具体的にプレゼンテーションされた商品が送り手から離れて受け手へと伝わっていくプロセスを理解するのに適している。

♠送り手受け手の相互過程

ホヴランドはマス・メディア相互間の効果性を比較する場合から効果分析の過程を論じた(61)。多くのマス・メディアに共通している関心は、送り手の望む内容がいかに多くの受け手によって選択されるかである。ホヴランドの過程を、これも百貨店のイベントを事例に置き換え紹介する。

第一に相手の注意を惹きつける。百貨店ではどのような催し物があるのか、内容をチラシや

(61) Hovland, C. I., 1954, Effect of The Mass Media Communication, in Lindzey, G. (ed.), *Handbook of Social Psychology*, Mass, Addison Wesley.

ＨＰなどの広報活動によって告知し、相手に知らせることからはじまる。

第二に情報や知識を理解させる。催し物の具体的な内容、詳細を明らかにし、出かけるメリットを相手に認識させる。

第三に意見や態度を変化させる。これまで百貨店の催し物に興味も関心ももたなかったのに、一変して出かけようという気持ちが強くなっていく。

第四に特定の行動を誘引することである。催し物会場に足を運び、消費行動へと進む。

マス・メディア相互間にある比較から述べたものの、実際、ホヴランドの提示した内容はオーソドックスな受け手効果論である。人びとの関心はそのコミュニケーションに対して注意が惹きつけられることにある。注意がおよばないならその情報を認知することにはならない。コミュニケーションに注意が向けばあとはその情報を認知させることだけである。その情報を理解すればその内容に対して人びとは意見を述べ、各人の態度を表明する。そして選択された行動体系を示す。受容過程の構造を明らかにする上でも、ホヴランドの効果分析の過程は、今日のコミュニケーション過程そのものの理解に最適な研究となっている。

♠コミュニケーションの効果分析の過程

マス・コミュニケーション効果分析の代表的なのがＪ・Ｔ・クラッパーの五分類である。(62)

第一は「創造」である。これは最初に何の意見ももたなかった人びとのあいだに、あるトピックについて新しく意見や態度をつくりだすことである。無関心から関心の状態へ誘い出すことである。送り手がもっとも力を注ぐ段階にある。

第二は「補強」である。これは人びとがすでにもっている既存の態度が補強されることであ

(62) Klapper, J. T., 1960, *The Effect of Mass Communication*, Grencoe, Free Press.（ＮＨＫ放送学研究室訳、一九六六年『マス・コミュニケーションの効果』日本放送出版協会）。

る。いかに新しいものを提示しても人びとは一向に動じることはなく、むしろ既存の態度をより頑なにしてしまうことである。送り手にとって逆機能となる。

第三は「小さな変化」である。これは人びとがすでにもっている既存の態度は変わらないにしても、その態度を以前より弱くして、新しいものを受けつける期待をもたすことである。送り手の期待が生じる段階である。

第四は「変改」である。これは人びとがすでにもっている既存の考えを捨てて他の新しい考えを採用する。送り手がめざすもっとも大きな結果である。

第五は「効果なし」である。少なくても理論的に考えられる無効果である。いくら努力しても結局は受け手の考えを送り手側に向けることは不可能であること。受け手が頑なに既存の態度に固執することや、信念をもって既存の商品やモデルを愛用している場合などにみられる。

クラッパーは効果分析のなかで人びとの行動や態度に変化をもたらす要因を明らかにし、受容の際の傾向やその場合の人びとの背景や準拠集団の問題までふみ込んでいる。こうしたとらえ方はマス・コミュニケーションの流れ研究などの関連からの研究成果も多い。

♠コミュニケーションの接触行動

すなわち接触という行動は受容過程の初発的な局面を構成する。人びとがマス・メディアに接触し、その内容をみて、耳にするところからはじまる。一つのメディアに対して、平均以上の接触をする人は、他の種類のメディアに対しても平均以上の接触をする傾向があるとも考えられる。コミュニケーション内容との接触もそうである。そこには社会的属性と嗜好の関係が浮かび上がる。どんな種類の内容が、どのような特性をもった人びとに選択され、または嗜好されているかの実態は、多くの分析結果から社会的属性によってみることができる。社会的属性とは、性別、年齢、職業、学歴、経済的地位、社会的地位、そして居住地域などをいう。彼らが接触ないし、嗜好しているマス・コミュニケーションの内容とのあいだに、かなり明確な結びつきがみられる。

また、後天的な環境からの影響のおよぼし合いとして先有傾向（predisposition）と接触行動があげられる。(63) 先有傾向とは、人びとが過去の経験にもとづいて蓄積されてきた意識・関心・意見・態度などの産物である。先有傾向は具体的なコミュニケーション行動に際して、これに見合った内容を受け入れ、これと異質的な内容を拒否するはたらきをもつ。そしてある人がマス・コミュニケーション内容のなかからある部分を選びとるという行動は、その人の欲求を充足させてくれると期待される手がかりをその内容のなかに知覚する。それに対して動機づけられた時に起こるものと解釈される。コミュニケーションの接触行動による機能的要件充足の意味合いをもっている。

♠コミュニケーションの意味解釈行動

コミュニケーション内容においても受け手側の諸条件によって、その意味づけにバリエーションが生ずる。コミュニケーションの内容について、各個人でシンボリックな解釈性が発生する。これは意味解釈の多様性でもある。つまり人びとに選択された内容が、それを選択した限りの人びとすべてによって、均一的な理解と解釈が行われていることはありえない。コミュニケーション内容を受け手が認知する場合、受け手個人の生理的・心理的欲求や期待によって変化することは、社会心理学的に考えても明らかである。

---

(63) 竹内郁郎、一九六四年、「マス・コミュニケーションの総過程Ⅱ—受容過程—」『東京大学新聞研究所紀要第一二号』東京大学新聞研究所、三八‐七九ページ。

この意味解釈行動においてもう一つの注目は、受け手のもつ先有傾向の強さである。コミュニケーションの理解や説得内容の承認、それを受ける人びとの既存の態度や見解（自己の見解を裏づけるデータ）などの先有傾向の如何によって大きく結論づけられる。それは後天的な社会環境などの影響をあげながら学習された結果でもある。

人びとの先有傾向は、各々が過去の長い生活体験にもとづいて蓄積されてきた環境処理のための帰属する場としての準拠枠でもある。人びとはこれに頼って行動し生活している限り、これまでもその環境に安心して対処することができてきたし、これからもできると信じている。経験の積み重ねが数を増してくれば増してくるだけ、準拠枠は安定性を獲得し、構造化され、動かしがたいものになる。

人びとがマス・コミュニケーション環境における行動のなかで示す先有傾向は、個々人が生活してきた社会特有の文化的スタイルに共有されたものでもある。その社会はかなり第一次的な関係をもつ集団で支持されてきたスタイルである。第一次的な社会に特有な文化パターンが存在し、その社会で生活する個々人の行動によって形成されてきたものである。その社会のメンバーに分担され伝達されることを通じて社会の統合と存続を可能にする役割を果たしているものである。人びとの先有傾向は、もっと直接的な社会的支持の源泉をもっている。人びとが日常のなかで具体的な生活を営み、メンバー相互が親密な関係をもっている小集団の支持が背景に存在している。(64)

♠コミュニケーションの効果

コミュニケーションの効果は接触行動、意味解釈行動に続いて、受容過程の最終的段階を構

(64) 後天的な社会環境としての帰属の影響や反映がある。

成する反応行動である。マス・コミュニケーション内容のインパクトによって、人びとの心理的（外的）システムの上に生じた何らかの形での変化の様相である。

効果が改変されるのは、通常、補強効果に寄与することの多い媒介的諸要因が機能しなくなり、マス・コミュニケーション効果が直接的になる場合である。つまり要因自体が補強よりむしろ改変を促す要因として機能することである。そこには個人の行動や意識を変える衝動や衝撃のような要因があげられる。個人間の社会的相互作用より、コミュニケーションの強力的な機能が効果として発揮されることにもなる。

また、個人が帰属し影響を受けている準拠集団が存在しているにもかかわらず、先有傾向を支持する源泉、とくに人びとが直接その信念や態度を負っている集団規範が、組織内における人間関係の不信や混乱によるゆがみ、外的環境などから受けるインパルスによってその支持機能を失っている時、人びとはマス・コミュニケーションによって比較的意見や態度の変容を受けることが多くなっている。

第3節　エンタテインメントを社会学する

1　メディアから発信する

メディアから発信

コミュニケーションにおけるメディアとは、「人間関係を媒体する道具」である[(65)]。人間関係を媒体する道具としては、紙切れ程度のメモ用紙、スマートフォンや携帯メールのたぐい、手紙の文面など、送受信が可能なメッセージ性のある媒体は、みなメディアである。個人の伝達をどのようにして送信するか、その規模は、パーソナル・メディアからマス・メディアへと拡大する。今日、そのスタイルは多様である。そうしたメディアは、実質的に、コミュニケーションの周辺に位置する道具である。なぜなら、コミュニケーションこそが人間関係の意思表示そのものであり、メディアはその媒体だからである。コミュニケーションとは、送り手と受け手のあいだにおける「さまざまなメッセージを伝達して理解すること」である[(66)]。

メディアの選択肢

メディアの多様化や多チャンネル化、視聴形態の変化などにみられるように、その選択肢は拡大している。メディアそのものの構造や機能だけをみてはいられなくなった。メディア本体つまりメイン以上にその周辺に目を向ける必要性にかられたということである。むしろ、メイ

(65) 仲川秀樹、二〇〇五年『メディア文化の街とアイドル―酒田中町商店街「グリーン・ハウス」「SHIP」から中心市街地活性化へ―』学陽書房、一八ページ。

(66) 同上書、一九ページ。

ンであるモデルの周辺に浮かび上がってきたサブに注目することである。テレビであれば、コンテンツ重視なのか、画面やオプション機能重視なのか、新聞なら、紙媒体でアーカイブ重視か、電子版での速報性重視なのか、単にその媒体に接するのみではなくなった。メディアに内在する、多様な機能性に応じたモデルであり、視聴形態の変化ならそれに付帯したモデルである。つまり、メディアそのもののメインを分析することにのみ集中するのではなく、メインにある周辺にもっと気を配ることが必要になった。

かつてのように同一の環境にのみ人びとが集まることよりも、分散した選択のなかでの環境を各自共有するようになってきた。同じチャンネルだけに人びとが照準を合わせることも考えにくい。人びとが選択するチャンネルやモデルはかなり拡散している。その数だけターゲットがあるとしたなら、自己の欲求を満足させる特定のものに絞り込むことすら困難に思える。ゆえに社会は分散せざるを得ない状況に追い込まれていることでもある。大多数の人びととの選択肢は拡大している。分散化というより分化し続けており、であればその先にあるものこそ分化したモデルということになる。

それはファッド、分化したモデル

小規模でも小集団単位で発生した小規模な流行とそのファッド（fad）は、マイブーム（個人の想い入れある趣味・嗜好）を生み、それを共有する人びとの連帯をつくる。(67) 今日の社会は、共有する対象は、世代などの帰属による階層に色分けされ、送り手側もそれぞれに関心を示すようなモデルを送り出すようになった。その連続は、より社会を分化させた方向へと導いていく。大規模な流行が姿を消し、変わってユニットどうしの独自性をみるファッドが主流に近づ

(67) 社会の分散化傾向の流れは、よりファッドの出現をみる。

いてもいる。人間の数、集団の数において、多様なスタイルの現象が発生している。多種多様などの次元でのみ語られるものではないが、社会の分散化とはそのような現象である。分散化した状況下で人びとは何を選択するのであろうか。

人びとが進む先とは

余暇時間の過ごし方が、単なる休養とか気晴らしのレベルではなくなった昨今、各人の選択をより充実させるための環境づくりに重点をおいた生活へと発展していった(68)。自己の発展、自己の欲求充足を完結させる機能である、機能的要件充足可能な選択である。その選択する対象こそ、日常生活を反映する生活様式や行動様式であり、それは文化である。その文化は当然メディア性の高いものも含まれる。そこには単に娯楽性の度合いではなく、専門・教養、そしてメディア的要素が強くそなわった「メディア性の高い文化」に、人びとは進んでいることにほかならない。それは今日のメディア中心の社会が証明している。

2 メディア文化はエンタテインメント

メディア環境の浸透した社会

「メディア性の高い文化」へ接近することは、多様なメディアに覆われている今日の社会をみる必要がある。ここではメディア社会とは、「マス・メディアを中心としながら、パーソナル・メディア、コンピュータ・メディアなど多様な情報形態が浸透し複合的に重なり合う社会」と規定する(69)。メディア社会をマス・メディアによる大衆への一方向的なコミュニケーション中心

(68) 余暇の機能が大きく変化し、自己実現の欲求意識が増加する。

(69) 仲川秀樹、二〇〇五年、前掲書、二三ページ。

の社会から、コンピュータ・メディア機能による双方向的なコミュニケーション可能な社会に進化を遂げた。こうしたメディア社会で生きる人びとをターゲットとしてメディア文化は考えられる。メディア文化の視点とは、メディア社会のなかで生じる人びとの生活・行動パターンをみることにほかならない。

人間の数だけ多様な行動パターンが存在し、各自の帰属のなかで、共通したスタイルが表出される。(70) 多くの人びとに選択可能な世界を、送り手であるマーケターが提示すれば、その数だけ個人の嗜好が拡大される。送り手は個人の多様な嗜好に応えるため、莫大なモデルの数を用意する。逆に、受け手である消費者は提示されたモデルを再修正することで、他の受け手との差別化を完成する。こうして社会そのものが分化した方向に流れていくことになる。この分化したモデルの選択そのものがメディア文化の対象である。

♠メディア文化のエンタテインメント性

エンタテインメントをメディア文化から探るには、メディア文化の概念を再考する必要がある。メディア文化とは、「メディアから発したエンタテイメント（娯楽性）の高い文化を選択したその消費者にみるスタイル」である。(71) 娯楽性を包括したものとして、音楽、映画、スポーツ、テレビ番組、雑誌などから誕生した多彩な世界、そこに出現した多彩なモデルは、人びとに消費されていく。娯楽的要素のモデルは、大多数の人びとの興味を注ぐものである。そこにはメディア環境がつねに存在しているのがポイントである。モデルそのものがある種のインフォメーションスタイルを形成するようになった。娯楽とは個人の楽しみだけではなく、生活の糧や生きがいにもかかわってくるし、それを他者と共有できる人間関係の道具にもなっていく。そ

(70) 同次元の社会地位における共有意識の反映したスタイル。

(71) 仲川秀樹、二〇〇五年、前掲書、二四ページ。

こでメディア文化論として定義すると、「メディア文化の構造と機能をとらえ、それに沿った時代の変動を解明する科学」である。より簡潔にいえば、「メディア文化の現象を多角的に分析する学問」となろう。

一般にマーケターの提示したモデルはメディアをとおして人びとに伝わっていく。そのモデルを選び購入する人びとにとって、購入動機は多彩でありながらも一定の理由がある。その理由こそ人びとの嗜好・欲求を満足させる条件がそろっていることになる。それぞれの要件を充たすということは生活上必要なモデルである場合が多い。生活上必要であるならそれは文化的な意味をもつものである。ここで文化的という背景こそ、個人のライフ・スタイルに直結するものでもある。さらに娯楽性が高いということは、人びとが楽しむという要因も占めており、メディアとエンタテインメント性の比重が個人の志向に結びつく形態として考えられよう。

♠エンタテインメント性に長ける

メディア文化論という研究領域が注目されるのは、背景には、一九六〇年代以降の大衆社会状況下の商業生産が生んだ文化としての大衆文化がある。(72) 均一化・画一化された情報の流れが若者を中心とした多くの人びとを一つの方向に導いた。それが大規模化した社会現象として多数の流行を産出させた。その流行はそれを受容するのが若者中心であったことから、若者文化(youth culture)とも呼ばれた。若者文化は新奇性に富んだスタイルが多く、いつの時代も華やかなものだ。若者独自の楽しさをもって、つねに、娯楽的な開放感を抱き続けた。若者の周辺にはいつもエンタテインメントの世界があった。

エンタテインメント性に長ける若者文化は対象が若い人びとであったことがポイントである

(72) 条件さえ整えば誰にでも選択消費可能な文化。

が、一九五〇年代以降の急激な高度経済成長の中心には積極的な人びとの消費行動があったことをわすれてはならない。自分に費やす時間（趣味や自己実現）の増大を受けて、それに応えるべく、対象のモデルとなった商品開発にマーケターたちは取り組み、つぎつぎにあたらしい商品のモデルを提示続けた。その商品の数々は、メディアを通じたCMスポットなどに乗りながら、若者中心に受け入れられ、大衆文化として加速していった。

3 大衆文化からポピュラーカルチャー、そしてエンタテインメントの世界へ

♠大衆文化の考え方

あらためて大衆文化とは、「どこにでもあるありふれた人びとの生活様式」であるという指摘を用いたい[73]。市場の開放性が消費行動を促進させた結果登場した、大衆文化は、一九七〇年代以降、大量生産・大量消費の受け入れられた社会状況において、多くの人びとに認知された文化の形態である。そこであるモデルなり、スタイルなり、パターンが、大多数の人びとに消費され、より積極的に選択されながら浸透していった。

かつての「大衆文化」は、一九世紀の近代化以前には「民衆文化」（ポピュラーカルチャー）とも呼ばれ、庶民のなかに根ざしながらそこらじゅうにみられるごく自然のスタイルであった。その後、産業化の流れに乗りながら消費という次元が背景にあらわれ、「大衆文化」（マスカルチャー）として認知されてくるようになった。それもいまは、「大衆文化」と「民衆文化」とも区別はされず、「ポピュラーカルチャー」としてあつかわれている[74]。

(73) 岡田宏介、二〇〇三年「マスカルチャー、サブカルチャー、ポピュラーカルチャー—文化理論とイデオロギー概念の変容—」『ソシオロゴスNo.27』ソシオロゴス編集員会、一〇四－一〇五ページ。

(74) 同上書、一〇五ページ。

♠高級文化に対する大衆文化

一九八〇年代後半まで、「大衆文化」は「高級文化」との区別に用いられてきた。「高級文化」は、特権的な階層である昔の宮廷、教会、貴族のサロンなどの管理下で創造されたものであった。共同体生活の安定的な全体性のなかでとくに意識されることもなく根づいていた、伝統的なデザインや材料やテーマなどで構成されていたものでもある。(75) いわゆる伝統的なブランド商品とでもいった方がよい。

それがいまでは、特殊な階層の特権的占有物ではなくなった。一般のマーケットの過程で商業ベースに乗った新しい商品として高級文化をとらえる。誰でも望み、条件さえ充足すれば消費可能な昨今の高級文化は、大衆社会化の賜物となってしまった。それでも、大衆文化と比較し、高級文化には、価格や生産量などに歴然とした差別化が図られていることは否定できない。

♠カジュアルなカテゴリー

ポピュラーカルチャーとメディア文化、そこに関係するのは今日のサブカルチャーの位置づけである。世代間によって異なるサブカルチャーの視点として、サブカルチャーはメディア文化より下位集団に位置した文化とする見地と、すでにエンタテインメント性の高い文化であるとする見地である。とくに後者にはメディア文化特有の消費性という個人の嗜好が絡んだ選択動機が含まれている。この二面性を象徴しているのがつぎの点である。

かつてマンガとかアニメなどのいわゆるポップカルチャー（大衆文化の類似語）は、サブカルチャーとして認知されていたものであり、「正しい大人」が享受すべきものではなかった。それが社会的に認知され、さらには世界的な影響力をもつに至った。さらに「最近の若い者は

(75) 岡田宏介、二〇〇三年、同上書参照。

ゲームばかりでマンガも読まない」という言説も発せられるまでになった。こうした固定化したメイン、そしてそれにより潜在させられる多様なサブ―メインの経路を異化し続けることが、サブカルチャー社会学の課題である(76)。サブカルチャーそのもののもつ意味が大きく変わってしまった。ビジュアル的なものが優先し、サブカルチャーの本質として語られてきたそのものや現象にある文脈と乖離したモデルが独り歩きしている。思想とか文化性とかいうものよりも、もっとカジュアルなカテゴリーとして認知されているように思う。

♠大衆文化からポピュラーカルチャーへ

大衆文化から発した若者文化は、若者がみな一緒に楽しみを共有することができる共通の嗜好であったということでもある。それが若者特有のスタイルであり、若者の特権ともみなされた。一九八〇年から一九九〇年代に入り、大衆文化も複雑性を増していった。マス・メディアの多様化が生んだ結果として、娯楽性の高いあらたな大衆文化がつぎつぎに登場する。もはや何でもありという性格をもつ大衆文化は、一つの文化として語られるには困難をきわめることになった(77)。そして大衆文化というネーミングもポピュラー文化へと変化していくことになる。このなかに登場した文化こそ、メディアによる娯楽性の高いポピュラーカルチャーである。

♠ポピュラーカルチャーとしてのエンタテインメント

大衆文化の多様な視点は、対抗文化、若者文化から、メディア文化、流行論など拡大傾向に向かっている。これまで大衆文化のフレームのなかで満足されてきたものがいっきにそれぞれの道を歩き出そうとしている。今日のサブカルチャーなどは、大衆文化からの分化という視点

---

(76) 伊奈正人、二〇〇四年「団塊世代若者文化とサブカルチャー概念の再検討―若者文化の抽出／溶解説を手がかりとして―」『東京女子大学社会学会紀要第三二号』東京女子大学社会学会、一ページ。

(77) 大衆文化の概念の再考に入り、本書では、ポピュラーカルチャーと表現する。

でとらえられてもいる。確かに大衆文化からの分化として進化してきたというとらえ方は誤りではない。しかし、単に大衆文化からの分化とか、分散化された個別の領域を追うことだけでよしとするものでもなくなった。大衆文化そのもののあらたな意味づけとしての概念規定が必要になってきたのである。

文化とは、人間の生活様式・行動様式を意味する。基本的に衣食住を中心とした日常生活のスタイルやパターンにそれをみる。それらが充実しているほど文化的水準が高いともいえる。この文化的水準には、物質的なものだけではなく、精神的なものも内面化されることも条件になるのはいうまでもない。文化的生活という背景には、その時代の最先端を維持するさまざまなモデルの存在がある。それをもっとも象徴しているのがメディア環境である。メディア環境には娯楽的関心度を充たす選択肢が存在する。それこそポピュラーカルチャーとしてのエンタテインメントの世界であろう。

〈参考文献〉
・Schramm, W.（ed.）, 1949, *Mass Communication*, University of Illinois Press.（学習院大学社会学研究室訳、一九六八年『新版マス・コミュニケーション―マス・メディアの総合的研究―』東京創元社
・Katz, E. and Lazarsfeld. P. F., 1955, *Personal Influence, The Part Played by People in the Flow of Mass Communications*, The Free Press.（竹内郁郎訳『パーソナル・インフルエンス―オピニオン・リーダーと人びとの意思決定―』培風館
・南博、一九五七年『体系社会心理学』光文社
・池内一、一九七七年『講座社会心理学―集合現象―』東京大学出版会
・水原泰介・辻村明、一九八四年『コミュニケーションの社会心理学』東京大学出版会

・清水英夫・林伸郎・武市英雄・山田健太、一九七四年『マス・コミュニケーション概論』学陽書房
・阿久津喜弘編集・解説、一九七六年「コミュニケーション—情報・システム・過程—」『現代のエスプリ№１１０』至文堂
・富永健一、一九九七年『環境と情報の社会学—社会環境と文化環境—』日科技連出版社
・伊奈正人、一九九九年『サブカルチャーの社会学』世界思想社
・宮台真司、一九九四年『制服少女たちの選択』講談社
・宮台真司、石原英樹、大塚明子、一九九三年『サブカルチャー神話解体—少女・音楽・マンガ・性の三〇年とコミュニケーションの現在—』ＰＡＲＣＯ出版
・牧園清子編、一九八一年「流行」『現代のエスプリＮｏ．１７１』至文堂
・仲川秀樹、二〇〇二年『サブカルチャー社会学』学陽書房
・仲川秀樹、二〇一二年『コンパクトシティと百貨店の社会学—酒田「マリーン5清水屋」をキーにした中心市街地再生—』学文社
・仲川秀樹、二〇一〇年『おしゃれとカワイイの社会学—酒田の街と都市の若者文化—』学文社
・仲川秀樹、二〇〇五年『メディア文化の街とアイドル—酒田中町商店街「グリーン・ハウス」「ＳＨＩＰ」から中心市街地活性化へ—』学陽書房
・露木茂・仲川秀樹、二〇〇四年『マス・コミュニケーション論—マス・メディアの総合的視点—』学文社
・仲川秀樹・塚越孝、二〇一一年『メディアとジャーナリズムの理論—基礎理論から実践的なジャーナリズム論へ—』同友館
・Blumer, H., 1969, *Symbolic Interactionism : Perspective and Method*, Prentice-Hall.（後藤将之訳、一九九一年『シンボリック相互作用論—パースペクティヴと方法—』勁草書房
・Blumer, H., 1968, Fashion, *International Encyclopedia of Social Sciences*, Vol.5, Macmillan & Free Press.
・Blumer, H., 1969, Fashion, From Class Differentiation to Collective Selection, *The Sociological Quarter 10.*

第2章

ローカル百貨店から発信するファッション・コミュニケーション・エンタテインメント

第1節　ローカル百貨店から発信するファッション

1　地方都市のファッション環境

♠中心市街地のシンボル

全国的に賑わう街は数知れない。その街に人びとは集まり、時間を費やし、モノを消費していく。そのような街に共通するのは、その街のシンボルである。シンボルになるのは、人びとが群がる目的となる空間である。(1) 銀座の百貨店の歴史から、有楽町の映画館、そして、渋谷・池袋・新宿の百貨店から専門ショップ、メディア環境を発信するエリア。近年の渋谷や原宿などにみられるファッション関係のブランドショップ、ファッションビルのたぐいである。また、テレビや雑誌などで紹介される、グルメや安価な商品をあつかうショップ、そこはつねに行列

(1)　仲川秀樹、二〇〇五年『メディア文化の街とアイドル―酒田中町商店街「グリーン・ハウス」「SHIP」から中心市街地活性化へ―』学陽書房、三六ページ。

をつくり、待ち時間を要するエリアである。

ここに共通するのは、その街にあるそれらを目指すという行為、それらこそ、その街のシンボルである。多くの人びとがそのシンボルに向かうことは、その街が賑わうという図式である。ただし、いずれも大都市かそれに匹敵する地方都市に限られる。人口移動の可能な範囲というれっきとした事実をわすれてはならない。人がいないということは、どんなに立派で、優れた環境を有しても、そこを賑わわせるということは大変困難なことである。しかし、地理上の困難、人口問題に屈しているだけでは何の問題解決にならない(2)。限定された人間の数、地域性のなかで、ある一定の人びとを確保し、それにオプションとして、集まる人びとを向かわせる、そんな取り組みを続ける重要性に気づくべきである。

♠百貨店から発信するファッション

街に人が集まる歴史は、そこにシンボルがある。そのシンボルの典型は、デパートとしての百貨店にあった。非日常的、よそゆきのスタイルで出かける場所だった。その百貨店は昨今、他の施設に客を奪われ、経営的にも、売り上げも厳しい状況が伝えられている。百貨店の役割はもう終わった、時代は百貨店を必要としていない、代わりの施設がたくさんあるといった帰属処理的な報道が続いた。しかし、その考え方は少し違うように思う(3)。

人間の行動は、ある一定の固定した環境を維持している人、その時々の状況で揺れ動く人の存在がある。固定した人たちは、特定の環境中心に、消費する。その時々で動く人たち、著者は、フィッシングクラスと呼んでいるが、流行りやその情勢によって行動パターンを変える人たちである。「ある一定の人びとを確保する」というのは、そのような固定した層を維持する

(2) 「人がいない」で片づけるという帰属処理的考え。

(3) 目的をもちながら消費する一定階層の存在は無視できない。

ことで、オプションとしての部分は、フィッシング階層の一部を時に取り込むということである。(4)

百貨店の魅力は、落ち着いた環境と、ゆったりとした空間で、商品を選択する。そこには、その時期のトレンドが揃い、また伝統的な商品も揃い、そこに出かけること自体、おしゃれするという意識が芽生える。単なる商品としてのファッションではなく、そこに漂わせている雰囲気こそ、ファッションを発信しているという意味である。そこでのやりとりこそ、ファッションコミュニケーションである。

♠中町ファッションの歴史

この問題を酒田市の中心市街地中町に適応して考える。かつて中町は、中心市街地として、そこに集うために「中町ファッション」と呼ばれる、よそゆきのスタイルで出かけるという場所であった。(5) これは今日でも当てはまり、中町ファッションとは呼ばないまでも、普段着で出かけるには、敷居の高い場所でもある。地方都市の階層は、大衆層にシフトするようになって、よりその傾向が中町を回避しバイパス沿いなどの郊外型店舗SCで時間を費やす傾向が増加した。地方都市の全体的な人口からみたら人の流れは明らかである。

地元の人びとに回避された中町の問題点や課題については別に取り上げているために、ここでは、中町ファッションの背景を今日的に再考するための視点からとらえていきたい。(6) 伝統というのは重みのある歴史でもある。中町の伝統は、中心市街地であること、文化的次元の高い場所であること。コンパクトシティとして定義するだけの根拠があること。必然的にファッション的意識の高いことなどをあげることができる。社会的な過程と、時間的な流れによって、

(4) 仲川秀樹、二〇一〇年、『おしゃれとカワイイの社会学—酒田の街と都市の若者文化—』学文社、二八ページ。

(5) 地方都市の中心市街地は、非日常的な場所。仲川秀樹、二〇〇五年、前掲書、五二ページ。

(6) 中心市街地のあらたなシンボル性へのアプローチ。

伝統度は薄れているかもしれないが、中心市街地中町の存在は消え去ることはない。著者は、この問題を多角的に検証し続けてきた。そして今回、あらためて「中町でおしゃれしよう」をテーマに組み入れた。

♠中町でおしゃれしよう

一つの事実として考えたいのは、酒田市において年間を通じて開催される歴史的なイベントはみな中町を中心におこなわれる。それが中心市街地という歴史的事実である。中町に出かけるということは、街に行くという認識で間違いはない。地方都市の場合、それはより顕著なことである。中町は中心市街地、近所の買い物とは異なり、ある種の気合が入る。気合が入るということは、意識のレベルだけではなく、身体表現としてのファッションを含むトータルコーディネイトに反映される。(7) 結果的に日常とは少し違ったスタイルで目的の場所に向かう。中町に出かけるということは、そんな意味合いがいまでも存在している。中町にでかけることは、おしゃれするという連続性が考えられる。

中町をめぐっては、年齢層のバラつきがみられるのは、中町で提供される選択モデルの多くは三〇代後半以上向けであるものが多く、若い人には中町は、何もないエリアの代名詞になっている。(8) 中町でおしゃれしようという感覚は、若い人にはなじめない要因のあることにも一言ふれておきたい。そこでこの課題を、本章のなかで処理していきたい。

---

(7) 着飾ることの延長にある時間や人との過ごし方を含むスタイル。

(8) 世代ごとに目的は異なる、空間価値も異なる。

2　ローカル百貨店発ファッション

♠「おしゃれ」と「カワイイ」をキーにしたファッションエリア

中心市街地の伝統を継承し、あらたな中町ファッション的な環境の可能性を発信しているのが、「マリーン5清水屋」である。ファッションを考えるとどうしても衣服のみ限定してみられがちである。第一章でファッションの概念など社会学的な根拠を論じたように、ファッションは衣服に装飾品を含めたもの、それに意識の側面としての感情も移入することである。ファッション感覚で行為するということこそ、それを実行する目的の空間が存在するということである。本節の見出しでもある、ローカル百貨店のファッションこそ、その空間と位置づけた。それは、ファッションの基本である「おしゃれ」意識と「カワイイ」意識である。両者は一体であり、連続している(9)。女性層を主要なターゲットにしている百貨店ならそこをカバーする用意がある。

ここではファッション的な環境に注目したい。清水屋の場合、1Fエントランスから左側にあるエリア、そのネーミングも「おしゃれ」である。フォーマルウェアを中心とした公式ファッション、パーティ用ドレス風ファッション、エレガントで清楚ななかにもコンサバ的な要素をもったデザイン、おしゃれ本来の意味を表現したモデルを用意している(10)。

もう一つ、4F宮脇書店奥にある、プリコーナー「ラ・カワイイ」、ネーミングがカワイイである。それは中高生の意見も取り入れ。パウダールームやティルームを併設した本格的なプリクラコーナー。カワイイを実践できるエリアとして、設置された(11)。

(9)　ファッショナブルであり、カワイイと登録された意識。

(10)　「MYLEPR・マイルピア」二〇一二年三月一日OPEN。

(11)　「ラ・カワイイ」プリコーナーのネーミング公募結果、二〇一三年一〇月新名称。

一般的にみればいずれも目新しいものではないかもしれない。しかし、ネーミングに「おしゃれ」「ラ・カワイイ」という直接的な表現を用いたことに、ローカル百貨店としては一線を画したスタイルであろう。

百貨店ファッションショー

おしゃれとカワイイを一般的に公開しているのが、清水屋ファッションショーの開催である。二〇一〇年から毎年のように趣向を凝らし、親子や恋人感覚、店内ブランドを用いたファッションショーは、百貨店らしさを表現する。モデルは、清水屋社員を中心に、その家族や顧客など多彩である。(12)

二〇一三年一〇月のシンポジウムでは、学生たちによる「ミニ・ファッションショー」を開催した。コピーは、「地元でおしゃれができる」。清水屋店内にあるブランドショップの服をコーディネイトし、店舗のスタッフに解説をお願いした。東京や仙台などの大都市にいかなくても、おしゃれができるという試みだった。(13)

百貨店のファッション性とは、衣服の購入だけに限定しているのではない。ファッション性というのは人びとの意識下に内在しているものである。ファッションショーを媒体としてそこからあらたに発信するおしゃれやカワイイ環境は、そこにかかわる人びとのコミュニケーションの一環にもなっている。これもファッション・コミュニケーションを意味しよう。

ヤングとミセスのあいだで

清水屋のファッションエリアは、衣服販売の２Ｆヤングカジュアルと３Ｆミセスが主流であ

---

(12) 仲川秀樹、二〇一二年、『コンパクトシティと百貨店の社会学―酒田「マリーン５清水屋」をキーにした中心市街地再生―』学文社、二四三ページ参照されたい。

(13) 二〇一三年一〇月六日（日）開催。モデル、三年ゼミ女子学生。

る。ミセス向けには、百貨店の利用者層に沿った商品が並び、来店者にもわかりやすく、顧客とみられる人も多い。店舗側もそれを承知して、サイズごとに新しい商品やデザインを紹介している。プレオープン以降は、店舗と顧客のあいだで、商談会などを開催し、その戦略もみえている。(14)

一方、大きな課題である2Fヤングカジュアルについては、フィールドワークを通じての学生たちの意見に相違が多くみられる。ヤングカジュアルの重要性は、百貨店側は百も承知。第三章と第四章でもこの問題は触れられているが、酒田市の人口動態を考えると、二〇代をターゲットにするにはリスクが高く、ヤングカジュアルのテコ入れにジレンマもあること。高校を卒業し、ほとんどが進学などで地元を離れる。この離れた層こそ大都市へ向かい、そこでファッションを楽しむ若者層である。(15)百貨店のターゲット層のほとんどはこの若者たちであり、地元にはいない。これが大きな問題であること。(16)

とはいえ、百貨店側もリスクを背負っても新規のブランドをオープンし、若者向けブランド品の拡充を怠ってはいない。むしろ学生たちの指摘にあるように、せっかく、若者が関心のあるブランドショップがあるのに、その告知がされていない。商品が混乱してわかりにくい、ブランド別にもう少し分けるべき点などは工夫も必要に思う。そこを修正することで、夏休みや年末年始の帰省中の若者が、清水屋に出かけてそこで商品の発見することもある。(17)そうした可能性の場を、ヤングカジュアルフロアで活かすことは大変重要である。

---

(14) 文化講演会、ファッションショー、各種イベント開催によるリピーター獲得。

(15) 地方都市の多くの若者は高校を卒業し進学のため大都市へ出る。その階層こそ本来地元ではもっとも戦力になる世代である。

(16) 残された若者の価値観は大きく異なる。

(17) 百貨店としては、大都市に出た若者たちの帰省時に標準を合わせる戦略。

第2節　ローカル百貨店のコミュニケーション環境

1　コミュニケーション空間としての百貨店

コミュニケーションの場としての百貨店を考える

百貨店の重要な機能にコミュニケーションをあげる。これは買い物だけでなく、百貨店にはさまざまなコミュケーションを可能にする条件が存在している。ショッピング・料理教室・イベントをとおして多様なコミュニケーション環境を構築する。百貨店の魅力は高い意識の下に、時間を消費できること。そこには各々にかかわる人びととの会話も楽しみである。店舗の従業員と顧客のあいだでは、商品を媒体にした会話だけでなく、身近でプライベートな話題で盛り上がることも多い。したがって、百貨店側は、従業員に対して。コミュニケーションの重要性を語っているのはそのためである(18)。お客が来る、来ないとかの次元ではない。従業員のコミュニケーション度合いに応じて、百貨店を訪れる機会にもなる。目的をもつ空間としての百貨店は、消費だけの場所ではない。

親と子のコミュニケーション

以前、論述したこの形態こそ百貨店らしいと思う。よく年齢の低い若者や子どもたちには、百貨店の商品は高くて、出かける理由がないという。ところが高い商品など、手の届かないも

(18) 本書、第三章第二節を参照されたい。

のには、子どもが親にねだったり、親が子どもへの贈り物に使用したりと、その状況に応じて、双方のコミュニケーションが成立する。[19]百貨店ゆえにもう一つの親子間のコミュニケーションが機能することになる。高校を卒業し、進学などで地元を離れ、休みで帰省した場合、目的の商品は百貨店に多い場合、親子でショッピングしたり、東京にはない、地元のスイーツなど、その選択肢はチェーン店ではないここだけの商品として価値をもつ。最近多くなった、親子で通う料理教室の一コマにみるコミュニケーションにも注目したい。

また、清水屋の催事場をみると、学校新聞コンクール会場、地元幼稚園児の似顔絵展示フロアなど、必ず子どもの作品をみに親と子どもが訪れる。そこで買い物をして帰る姿を何度も検証した。本調査でも、催事場でみかけた親子連れが、買い物した商品を抱えて喜んでいる光景はほほえましく、毎回のようにみることができる。

友人間のコミュニケーション

大都市特有の学生中心の友人関係とは異なる地域性も考えるべきであろう。友人といっても、社会人たちは、休日における行動は、どちらかというと、郊外に出かけるパターンが多いので、百貨店でみかけることは少ない。どうしても地元に残る階層の消費パターンは中心市街地ではない。むしろ、親子間のコミュニケーションは、帰省する階層を対象に存在し、また、同級生や先輩後輩たちと買い物したり、お茶したりする時間は多い。中町特有の喫茶環境など、コミュニケーションの場は数多いからである。[20]

むしろ社会人というより主婦層の百貨店利用が多い。喫茶店の質は、おしゃれでメニューの豊富さ、会話のしやすい環境であること。カフェやランチなど、手頃であり、内容度もある。

---

(19) 仲川秀樹、二〇一二年、前掲書、五三ページ。

(20) 一九七〇年代の酒田市内の喫茶店数は全国有数だった。仲川秀樹、二〇〇六年、『もう一つの地域社会論—酒田大火三〇年、メディア文化の街ふたたび—』学文社。

調査中も、カフェの稼働率は高いのが特徴だった。プレオープンからグランドオープン、もっとも友人間コミュニケーションをみるのが、料理教室である。(21) 親子間の料理教室の充実度も高い。主婦どうしの場合、料理教室を通じての友人関係が成立し、料理を媒体にした友人間コミュニケーションの発生をみる。

♠社交的コミュニケーション

打ち合わせや商談、取引先との食事など、百貨店の施設を利用することは多い。いわゆる社交的コミュニケーションである。カフェやレストランの場は、混雑した環境ではなく、メニューもコミュニケーションするには、適切な内容であり、双方に喜ばれる。イベントの連携による社交的コミュニケーションも増えてきた。ファッションショーや催事場にかかわるコミュニケーションもそうである。(22) 落ち着きを払う百貨店環境こそ、そうした場が求められている。百貨店だからこそ求められる環境は健在である。この部分を抜きにして百貨店の有無を語ることは不可能である。

また、各階にあるカフェ・ランチエリアの一部分にあるスペースは、テーブルも広く充実しており、ビジネスなどの商談で用いられることも多い。

2 カフェ・ランチ・ディナーをとおしてのコミュニケーション

♠おしゃれカフェ

主婦層を中心にした友人間コミュニケーションを論じたが、どれも利用する場所のおしゃれ

---

(21) 酒田天然ガスの「清水屋料理教室」は、プレオープンからの目玉。年間数期に分け、フレンチ・家庭料理・スイーツ・食育・パンの各教室を開催。他に親子料理教室など。

(22) 打ち合わせや商談を兼ねるスペースの充実、百貨店客層にマッチ。

環境にある。清潔感あり、メニューの嗜好度が高く、客層も落ち着いている。ゆったりと時間を費やすことができる、おしゃれカフェという機能は大きい。休憩や打ち合わせなど、環境度が高いということはそうした満足度に反映する。カフェでのコミュニケーション空間とはそのような内容をいう。カフェでの時間の使い方は人それぞれでありながら、ある種目的ははっきりしている。日常の時間のなかでここに向かうという行為は、そこで充たされものが存在しているからだ。

百貨店カフェのいくつかの事例をみればそれがわかる。「ＰＯＥｍ」を代表的例としてみると、開店と同時に、コーヒーのオーダーが入り、専門店だけにその種類は豊富である。(23) 女性たちは、同じメニューでも、スイーツ的なバリエーション豊かな飲み物をオーダーするが、その種類を話題に、お互いのコミュニケーションは長く続く。メニューが運ばれるとそのデコレーションを話題にまたコミュニケーションが再開される。「ブラッスリーロアジス」の場合、ショーウインドウに並んだスイーツ類、ケーキからマカロンまで多彩、それを選びながらのカフェ空間は、格好のコミュニケーションエリアになっている。ロアジスパティシエの作品だけに、お店を出てからの話題にもなる。その話題はパーソナル・メディアを中心としたコミュニケーション・メディアを媒体に拡散していく。

♠おしゃれランチ

ランチにもこの機能は適応する。おしゃれなランチの提供は、雰囲気と環境のよさを演出する。時間的な制約と、毎日の昼食であるために、利用する側には、身近な場所で、食事と休憩をうまくマッチさせる機能が必要。ランチ時間を用いてのコミュニケーションも重要なひと時

---

(23) 常時、一〇〇種類を超すメニュー群。

となる。百貨店の場合、休憩するには十分な環境が付加価値としてある。ランチ後の時間の使い方など、利便性もある。

たとえば、ＰＯＥｍのランチメニューで、特製カレーとハヤシライス、パスタ四種類、ピザトースト類などの提供がある。すべてに共通するのが見た目のおしゃれさである。容器と盛り付け、クリーミーさのあるクリームのかかったカレーは、数が限定されており、売り切れが続く状態をみれば理解できる。ピザトーストの場合、隣のお客さんがそれを食べる瞬間、チーズが長く伸びる、さりげないそのチーズをみて、次回オーダーする人も多い。そこに次回の期待がかかったコミュニケーションが成立する。個人間コミュニケーションとは、そんな何気ない光景が広がっていく様にある。同じく、「シエロ」のランチメニューは、豚たっぷりチャーハン、野菜たっぷり焼きそば、角煮ゴロゴロチーズたっぷり焼きカレーなど、ネーミングだけで魅かれる、会話の材料になる。実際の中身がまた想像以上で、リピーターは多い。地元産のパプリカのドレッシングによるサラダがついているのは、おしゃれランチの代名詞にもなる。(24)他に「ロアジス」のランチ、「さくら」の和食があるが、どれにも共通しているのは料理の味と、色彩、それにボリューミー感である。単に量的な部分をさすのではなく、食べ終わった後の満足感である。

♠本格的おしゃれディナー

酒田の伝統的フレンチの歴史は全国的にも誇れるもの。その基本をつくり、いまも一角をなす、レストラン「ロアジス」。ここを訪れる人びとは、太田政宏グランシェフ(25)の料理を味わうことを目的にする。いまでこそ当たり前になった地元産メニュー、太田シェフの地元産は、意

(24) 山形県遊佐町は「パプリカ」生産地として著名。野菜中心の遊佐カレーなど、食材も豊富。

(25) 食の庄内親善大使、一九六〇年代後半から「欅」「ル・ポットフー」などで地元産食材のフレンチを手がけてきた。

味が違う。地元で採れた食材というストレートな概念ではない。地元で用いられなかった方法で、野菜や魚介類をはじめ、さらに一工夫することで、これまでにない味わいを提供するといった、シェフの味覚と嗜好の賜物を地元産で創作したという意味である。[26] 大げさに表現するわけではないが、料理の本質を理解した方々がこれまでシェフの料理を味わうために訪れた。太田シェフ、地元産中心のフレンチ、コースの演出のトータルがおしゃれディナーと呼ばれた。

さらに、グランドオープン以来、ランチではじめて訪れたお客さんも、ロアジスの料理に関心を示し、ディナーへとつながる例も多くなった。百貨店のランチも多様な意味でおしゃれを提供してきた、その延長上にディナーへ目を向ける新規の人たちである。

♠カジュアルなエリアも

一般的なフードコーナーと異なるカジュアルなエリアも気軽なコミュニケーション空間として機能している。1F「モン・リブラン」のテーブル席。そこで焼かれたパンと、ドリンクは、手頃かつサービス体制もある。何より、パンに囲まれたおしゃれなエリアであることは否定できない。カジュアルでも十分な空間である。

また、5Fの子どもコーナーでは、「アリスカフェ」として、安価なドリンク、ショートケーキなどの飲食ができる。子ども連れの場合、もっと楽に、中高生にも目立たない場所で休憩ができる。単なるフードコーナーとの違いをあらためて考えたい。そして客層の存在を正確によみとることで、人が群がるSCなどとは異なること、中心市街地を人の混雑の比較だけでみてはならない。おしゃれな空間によるコミュニケーションとは、それに準じる環境が備わっているからこそ表現できよう。

---

(26)「欅」(一九六七年一二月一日開店)、「ル・ポットフー」(一九七三年九月一日開店)。仲川秀樹、二〇〇五年、前掲書を参照されたい。

第3節　ローカル百貨店で提供するエンタテインメント

1　エンタテインメント環境にみる地域密着イベント

♠カワイイ消費空間

エンタテインメントにあるのは娯楽的要素である。清水屋の新しい試みは、ローカル百貨店で提供する娯楽的な空間である。プレオープンでまず、カワイイ消費空間として、プリコーナーを開設した。(27)最新鋭のプリクラ機、休憩コーナー、コミュニケーションコーナーなど本格的プリクラコーナーである。これは、以前、5Fゲームコーナーにあったプリクラコーナーには、撮影してもテーブルも休憩スペースもハサミも何もなく、撮るとすぐに出ていく光景がよくみられた。学生たちの調査でも課題の一つだった。それが新しいプリコーナーとして登場した。そして周辺には、輸入菓子コーナー、ステーショナリーグッズやキャラクター関係のエリアも完成した。課題としては、一般にゲームコーナーに設置されている場合が多いため、別フロアの奥ということでまだプリコーナーの認知度が、少ないということが考えられる。プリコーナーは必ずしもゲームセンターではなく、商店街の一角や、駅のコンコース内で独立して設置されていることも多い。(28)清水屋の場合、プリコーナーの表示が検討課題であるといえる。

(27)　4F、宮脇書店隣に、二〇一三年七月OPEN。

(28)　京都寺町通り、JR宮崎駅コンコース内、各プリコーナーと同一機種。

♠カワイイイベント提供

小中学生主体のジッピー・チアダンスクルーのチアリーディングは、庄内地区で活躍しているチーム(29)。百貨店のイベントや商店街のイベント、文化的イベントのスターティングに登場し、カワイイ演技を披露してくれるガールズユニットである。メインステージを盛り上げてくれるメンバーたちは、清水屋をメイン会場として練習している。練習会場が百貨店のなかということで安全面も確保され、父兄たちも安心して見守っている。百貨店側は、将来、彼女たちが、清水屋のお客さまになってもらえればという趣旨でのサポート体制も敷いている。清水屋専属ではないが、子どもたちの一生懸命な演技に感動する人びとも多く、百貨店のエンタテインメント性の一つである。

かつて、中心市街地中町では「ＳＨＩＰ」という商店街発アイドルが活動していた。地方アイドルの草分けだった(30)。ジッピーたちも、商店街発にならって、清水屋百貨店発アイドルとしてデビューしたなら、全国初めての「百貨店アイドル」となる。こんな期待の発信も可能にする。

♠若者ミュージックイベント

地元酒田市の高校生たちの音楽活動もサポートしている。アマチュアバンドのライブ会場を提供し、多くの若者を清水屋に集めるという手法も興味深い。ジッピーに共通するように、参加メンバーの友人など関係者が清水屋を訪れる。ライブ開演前や終了後に参加者のどの程度が清水屋を利用するのか、またお客さんとしての来店などの詳細も追ってみたい。ライブはライブと直接的なイベントのみで終わる場合も多いとは思いながらもリピーターとして来店する契

(29)「Zippy Cheer Dance Crew」は、清水屋ミュージアムホールでの各種イベント、講演会、ファッションショーのオープニングを飾るカワイイガールズユニット。

(30)中町商店街発アイドルとして、二〇〇二年〜二〇〇六年活動。仲川秀樹、二〇〇五年、前掲書参照。

機になればエンタテインメントのもう一つの効果になろう。清水屋の百貨店というスタイルは、既存の百貨店をみて比較するものではない。その地域性に沿った運営方法があること、ただ大都市の同一施設と比べての議論とは異なっている。とくにエンタテインメントについてはそれが大きい。

2　文化的イベント空間

♠グランドオープンの大きな目玉

二〇一三年九月に、マリーン5清水屋6Fに「ミュージアムホール」が完成した(31)。これまでのイベントホールを改装し、照明音響の完備、劇場型文化を発信するにふさわしいホールである。こけらおとしのディナーショーは満席となった。ロアジスのフレンチ料理のコースと、メインゲストのショーは、大都市のホテルで開催するような内容である。地方でもこうしたディナーショーを楽しみたい人びとの多いことを証明してみせた。ロアジスの料理とセットにした企画はここからはじまった。

♠ファッションサポートイベント

おしゃれして中町へ、中町ファッションの街。そのようなコピーをもって中心市街地中町を追ってきた。おしゃれをしたいがそういう場所がない、着飾って出かける場所が酒田にはない。そんな人びとの欲求に応えたのが、ミュージアムホールでのファッションサポートのイベントである。和服姿、着物姿で出かけたいという人びとのために、二〇一四年一月に開催された、

(31) 百貨店のエンタテインメント発信空間。

和服店の新年イベント。[32] 多くの方々がかけつけた。着物姿でのコミュニケーションに盛り上がった。ロアジスの料理とイベントはエンタテインメントそのものとなった。続いて、四月に開催されたミセスブランドの商談会がミュージアムホールで開催。[33] メイン商品を掲げ、ブースを設けてのイベントは多数の顧客が集まった。当日の様子を写真によって確認した。担当スタッフから意見を伺ったが、地元の人びとは、大都市の商談会のスタイルに慣れていないことが多く、ショップ側から積極的にアプローチして、その商談会は盛大に終了した。

地方の人びとに対して、消極的ではいけない事実でもある。百貨店サイドが発言するようにコミュニケーションの重要性は、積極的接客が将来的により強い顧客になっていくことを再確認した。[34]

♠ファッションとスイーツのコラボ

「東京ガールズコレクション」にみられるように、商品の発表とブースを設けての商談の場、さらに会場でのスイーツの販売、軽食の販売は、ファッションイベントを盛り上げるのに最適の試みである。[35] 清水屋ミュージアムホールには、ロアジス、ブラッスリーロアジスの両店舗の商品を提供するシステムも完備された。コース料理も可能だし、スープ程度の軽食もできる。それ以外にも、イベントの時間、規模によって活用はさまざまである。ショーのみではなく、食事も楽しめることでエンタテインメントとしての空間を最大限発揮できよう。ケータリング主流のなか、自社のおしゃれメニューを用意できることで、選択肢は拡大していく。「中町でおしゃれしよう」とは、このような空間を消費することもその一つである。ファッションと食の関係は深い、そこに注目したい。

---

(32) 6Fミュージアムホールでの「呉服小いけ」新年イベント。

(33) 6Fミュージアムホールを使用しての「小泉アパレル一品会」二〇一四年四月二五日(金)~二六日(土)開催。4Fミセス「里麻」の顧客を中心にした新規の企画イベント。

(34) 本書、第四章第二節を参照されたい。

(35) ファッションショーのみならず、おしゃれスイーツを販売し、ショー終了後に一般客と商談する時の媒体ともなる。

♠ディナーショーや文化講演会

数々の企画をとおして、そこに人びとが集う。ふだんできないことをその空間でかなえてもらう。大規模なイベントの必要はない。それは別な施設で実施すればいいこと。ローカル百貨店のエンタテインメント性というキャッチフレーズこそ、小規模ながら状況に応じたカテゴリーに合わせたイベントを開催する。着物姿で集う会、ブランド品をみるために集う会、音楽の演奏に集う会、娯楽的な楽しみを含んだ催しものの数々である。地方だからこそ、非日常的な空間を味わいたい。質的な調査でもそんな欲求はかなり強いという結果もあらわれた(36)。

これまで開催したディナーショー、今後も予定されているディナーショー、そこに参加する人びとの数だけ、またそれ以上に非日常的な選択をしてみたい人びとは一定数存在する。よくある文化ホールのレベルではなく、もっと柔軟性をもった、楽しめる条件の備わった空間の存在こそ、いまの地方でも重要だと確信する。楽しめる条件とは、講演会やショーに合わせた、食事や軽食、おしゃれなメニューをもって満喫した時間を過ごすことである。イベントの性格上、食事などの提供が厳しいようであれば、ブラッスリーのお菓子やスイーツなどのセットも喜ばれよう。エンタテインメントを通じて、百貨店の付加価値は広がっていく。

3 余暇時間と自己の選択を文化的空間で充足

♠自己の趣味嗜好に費やす

地方に在住しても、大都市とは変わらない意識を抱く人びとは多い。それを充足するために、わざわざ周辺の大都市のそうした環境へ足を運んでいる。しかし、それも定期的となると困難

(36) 二〇〇九年酒田市内高校生調査。仲川秀樹、二〇一〇年、前掲書を参照。

をきたすこともある。[37] 人びと生活スタイルの変化は、休日や自由時間という余暇時間の使い方を変えた。余暇の意味が変わって久しく時が過ぎた。

本来、休息というものであった余暇は、気分転換や気晴らしという単純なものではなくなった。自分だけの自己の嗜好に最大限に時間を費やすそんな概念として用いられようになった。余暇は、自己の趣味や嗜好を実現させることでもある。大衆社会化状況が日常的になった今日、人びとの願望の実現は容易になった。そして、その対象は、その先にある選択は、やはり「衣」「食」「住」に関連した文化的な領域に関するものである。[38]

地方都市で文化的願望を充足する

ローカル百貨店の目指した対象こそ、この「衣」「食」「住」をカバーしている、ファッション・コミュニケーション・エンタテインメントそのものであった。ファッション性とは、衣服のみならず、心地よい食を通じて、住とする環境の備わったエリアである。コミュニケーションがあり、娯楽的な満足を得る、そうした環境を提供していくこと。人間の生活様式・行動様式は文化的次元をベースに充足を必要としている。都市化の浸透は確かに大都市と変わらぬ情報環境を形成した。しかし、エンタテインメントなどの娯楽的なものとしてのメディア環境はまだまだ不足している。逆に、大都市へ向かう人びとの増加をみる。いま、地方都市で必要なのは文化的願望を抱く人びとに応える環境づくりである。文化的とは、柔軟な意味であり、ファッション・コミュニケーション・エンタテインメントを中心としたものである。

第一章は、カテゴリーごとに理論的な考え方を論じてみた。本章では具体的に実践していく様子を考えてきた。つぎの第三章では、百貨店の当事者による実践的なファッション・コミュ

(37) 毎週ごとに出かける時間的余裕はない。

(38) ファッショントレンドなど、その選択のための消費行動。

ニケーション・エンタテインメントの過程を論じながら、今後の方向性を明らかにしていきたい。

〈参考文献〉

・富永健一、一九九〇年『日本の近代化と社会変動』講談社
・伊奈正人、一九九五年『若者文化のフィールドワーク―もう一つの地域文化を求めて―』勁草書房
・仲川秀樹、二〇一二年『コンパクトシティと百貨店の社会学―酒田「マリーン5清水屋」をキーにした中心市街地再生―』学文社
・仲川秀樹、二〇一〇年『おしゃれとカワイイの社会学―酒田の街と都市の若者文化―』学文社
・仲川秀樹、二〇〇六年『もう一つの地域社会論―酒田大火三〇年、メディア文化の街ふたたび―』学文社
・仲川秀樹、二〇〇五年『メディア文化の街とアイドル―酒田中町商店街「グリーン・ハウス」「SHIP」から中心市街地活性化へ―』学陽書房
・仲川秀樹、二〇〇二年『サブカルチャー社会学』学陽書房
・露木茂・仲川秀樹、二〇〇四年『マス・コミュニケーション論―マス・メディアの総合的視点―』学文社
・仲川秀樹・塚越孝、二〇一一年『メディアとジャーナリズムの理論―基礎理論から実践的なジャーナリズム論へ―』同友館
・仲川秀樹、二〇〇四年「地方都市活性化の試みと世代間にみる影響の流れ―酒田・中町商店街活性化のプロジェクト意識をめぐって―」『二〇〇三年フィールドワーク報告書』日本大学文理学部

第3章 ローカル百貨店の挑戦

第1節　ローカル百貨店の再生

1　「マリーン5清水屋」の経過

本章では、ファッション・コミュニケーション・エンタテイメントに関する百貨店の実践的な取り組みについて論じていく。その説明として、「マリーン5清水屋」がローカル百貨店として進んできた経過を簡単にまとめてみたい。二〇一二年三月にマリーン5清水屋ビルとして再生することからはじまった。その直前の二月に「中合清水屋店」が撤退し、三月にあらたな百貨店としてマリーン5清水屋がプレオープンした。そして、一〇月にグランドオープンし、今日にいたっている(1)。

今後の百貨店のあり方を、このローカル百貨店をたとえとして考えてみたい。これは地方百

(1)　「中合清水屋店」から中合撤退、全く新しい「マリーン5清水屋」として、二〇一二年秋グランドオープンから二年。「中合」時代のスーパーマーケット的スタイル消える。

貨店というより、マリーン5清水屋である当店から発信するスタイルを前提としているものである。

まず、当社の経緯は一七年前の中合との合併からはじまった。(2) それから一七年間合併して営業を続けてきたが、中合の都合で撤退という形になった。当社が、ビルのオーナーであった関係から、百貨店業に転進したというのが背景にある。したがって、百貨店営業は全く素人と考えるのが普通かもしれない。しかしどちらかといえば、清水屋の現業にいた人間として、百貨店の運営そのものに関してはある程度プロだと自負している。こうした経緯もあり、ただ昔のことをやればよいというのではない。今日の時代背景に合った、環境に合った百貨店づくりをしなければならないと認識している。

2 再生のための実践的目標

そこで新しい百貨店をつくるためには何をするのかということをまず考えた。そのために三つの実践的目標を掲げることになった。

基本的なことは、やはりいつでも言われる「圧縮付加」である。(3) 物を捨てるのではなくて、今まで営業した品目を捨てるのではなくて、その良さを十分発揮するためには、圧縮をして、その空いたところに何をもってくるのか、そういうことが重要であると感じる。言い換えれば、どこの百貨店も今すごく苦しんでいる。というのは、百貨店から業者がどんどん離脱していったということが背景にある。百貨店の全盛期は、多くの業者で満ち溢れていた。それを効率という名においてどんどん減らして、衣料品一本にした。それがリーマン・ショックの時にドン

(2) 一九九四年に中合と合併。中合撤退し、一九五〇年設立の「清水屋デパート」に原点回帰。

(3) 船井総合研究所、船井流経営法として有名。

と影響を受けてガタンといってしまった。やはり業種・業態をどんどん減らしていったという反省をふまえて、まずは、コンパクトにしながら、あらためていろいろな業種を詰め込んでいくことが必要となった。そこでまず、つぎの三つの目標をもって進めている。

3 食「レストラン」と文化「書籍」と環境「アミューズメント」

第一は「食」である。

やはり食の世界で一番になろうと考えた。百貨店の役目というものを確立し、最初に、庄内全部歩いても一番だというレストランをつくろうとした。それには、ただレストランをつくればいいというのではない。レストラン営業には、社会貢献もあると考えた。レストラン監修の下で、料理教室を開設する。(4) 生徒は市民から募集するということである。庄内一のレストランと料理教室。料理教室は当社のノウハウではなく、酒田天然ガスのノウハウを借りながら、天然ガスと共同でマリーン5清水屋料理教室というものを開催した。おかげで、料理教室は大変好評で、生徒は順番待ちという状況が続いている。社会貢献の一環としても、成功しているのではないかとみている。

第二は「書籍」である。

これまで中心市街地から消滅していったものは数多い。なかでも中心商店街から書籍というものが消えてしまった。二キロ圏内に一軒もなしということになった。酒田市内周囲には大きな店舗は四つ存在しているが、やるからには中心市街地に巨大な書籍店を開設しようとした。これを「書籍文化」と位置づけて進めていった。中央の出版会社、関連店舗をまわり、専門の

(4) 太田政宏グランシェフ全面監修。オープンキッチンで誰もが料理教室風景をのぞけるのが魅力。

方々の意見を聞きながら書籍店を開いた。これは全国に四〇〇店舗もっている書店とつながったおかげである。(5)若い層をはじめ、幼児から高齢の年代まで、すべてオールマイティでお客さんが来店してくれる。今まで来なかったお客さんにもどんどん足を運んでいただいて、来店客の質も変わってきた。二〇一二年五月一七日のオープン以来、非常に成果が上がっている。

第三は「アミューズメント」である。

百貨店はもじどおり営利企業であり、専用の駐車場を抱えている。(6)駐車場を抱えているということは、その費用は全部こちらにかぶってくる。ということは、駐車場の活性化をというよりも、いかにコストを減らすか、または収入をアップさせるかの選択になった。そこで、大いに改革し、当社と駐車ビルの運営を一つにした。おかげで経費削減を半分にすることが可能になった。コスト減は満杯になり、収入源に力を入れることになった。そこで、駐車場の遊休施設を利用してアミューズメントを開設した。(7)中町中心商店街にそういった娯楽施設がなかった。最初は苦労したが、いま、客層が幅広くなっているというのが現況である。ここ中町での、若者や親子連れとかが楽しむ施設に変わってきた。これもどんどん伸ばしていきたいと考えている。やはり、中心商店街に消えていった業種をまたもう一度戻す、回帰させていくというのも百貨店の役目であると思っている。百貨店は中心商店街の核であり、核の役目を十分に果たしていきたい。

以上、三つの実践的目標を掲げて進んでいる。おかげさまで全部稼働しているのが現状である。先ほど少し触れたが、グランドオープン後の業績そのものは一応アップしている。(8)また、以前の中合清水屋店とは一変するよう努力を重ねている。お客さんからも、「最近は清水屋が変わりましたね」という声が多くなった。当初は苦情も多くあった。でも最近はお褒めの言葉

(5) 二〇〇八年中町の青山堂書店閉店以来、約三年半振り中心市街地に書店再開。宮脇書店ネットワークで、書籍のジャンル拡大し、市民の文化的欲求度カバー。

(6) マリーン5駐車ビルは自社経営。駐車場スペースの再利用に入る。

(7) 駐車ビル1Fに「ゲームセンターマリーン」開設、深夜一二時まで営業。

(8) 経常利益二五一〇万円計上。二〇一三年九月二九日付『荘内日報』。

に変わってきた。というのは、つぎに論じているように、プレオープンの三月からずっと言い続けてきた言葉でもある「相互コミュニケーション」である。これをやらないとお客さんからは信用を得られない。やはり百貨店というものは、付加価値というよりも質の高いサービスが求められる。これは今後とも徹していきたい、私の強い考えである。

第2節　コミュニケーションの外部発信

1　お客さまと従業員の相互コミュニケーション

まず物事、何をはじめるにも、つねに原点ということを考える。やはり実践者であるから、評論家でもないし、自分で実施する者である。やはり原点を考える、百貨店とは何かという事から考える。やはり百貨店の歴史をたどると、考えるべきことは多い。同時に、時と時代によって大きく変化を遂げてもいる。時代に沿ったスタイルに融合させて実践にあたることが重要な役目であると考える。

百貨店の原点は、やはり人にも物にも、誠実さとそれから最高の商品、いわゆるごまかしではない商品を提供すること。サービスにおいては量販店やコンビニとは異なっている。百貨店は顧客とのコミュニケーションがとても大事なことである。これは質の高いサービスが求められているということでもある。あくまでも販売員に関しては質の高い最高のサービスを考えましょう、提供しましょうというのが、私の考えであり原点ではなかろうか。

2　仕事の進め方としての「プラン・ドー・チェック・アクション」

百貨店ということであれば、目的をもった消費をするために来店するお客さまが大多数だと考えている。やはり当店であれば、清水屋へ出かけてみたい、ワクワクする商品群と、質の高い店舗空間というか、商業空間は不可欠だと。スーパーとか量販店と同じであれば、ここには別に来る必要がないと考える。それ以上のクオリティの高い商業空間、商品提供、サービス提供というのが第一条件であり、実行しているところである。品質管理の立場からよく用いられる「プラン・ドー・チェック・アクション」(Plan Do Check Action) の実践を心がけている。(9)計画・実行・点検・修正のプロセスを絶えず確認することが百貨店運営にも重要であること。新百貨店としての方向性を打ち出し、それに沿って進めている。問題や課題が生じたところでそれをいかに改善していくか、修正を施しその繰り返しとなっている。これまでの旧態依然の体質改善も視野に入れながら進めている。

3　イベント展開と利益

お客さんが清水屋へ来店し、感動するということは何か。これが一番大事だろうと思っている。感動とは何だろうか。それはすべてのモノが揃い、商業空間の雰囲気も心地よく、ここへ来ると何だか知らないけれども買いたくなる。そんな環境を提供する場所であるという強い思

(9) 企業などにおける事業活動の品質管理などをスムーズに進める方法。

いと、その環境の提供である。もう一度、商業空間として文化性の高い、文化的な空間が必要だろうと、その提供のためにいま、尽力している。

文化とは何かと言われれば、やはり商品があって、器があって、商業空間があって、従業員のサービスが高い。それにお客さんのライフ・スタイルがともない、ともに行動するパターンである。その行動パターンを充足させることは、そこにもう一つ文化を加えるということでもある。これからの地方百貨店としても、これは必ず構築しなければならないとそう思っている。それを目標にプレオープンの二〇一二年三月からずっとやってきた。そしてこれからも百貨店からもっと文化を発信するための努力を続けていく。それを実践するというしかない。やはり量販店やコンビニに勝つためにはどのようなことが必要なのか。「文化的な発信」こそ、それは百貨店の原点だと思っている。

第3節　ローカル百貨店から発信する文化

1　メインはファッション

つぎに、命題であるローカル百貨店から発信する文化である。これは大変難しい言葉であって、実践者の立場から、学問的なことは不得手だということを理解して欲しい。ただ、考えていること、百貨店を運営していくためにこんなことを発信している。こんなことを考えている。

それに向かっていま実践していることを論じてみたい。

文化性とはどのようなものであるか。それは百貨店の一番のメインであるファッション性である。これが一番大事だろうと考える。取引先から相手にされない百貨店であれば、具合の悪いことである。そのためにどのような方法論をもって対応していくのか。そこで、大手百貨店にできないことを実行する。そういう目標をもつということが必要である。

当店に、ニューヨーク生まれの輸入品で「ヴィンス」というカジュアルブティックを開店させた[10]。その商業空間とインテリア、いわゆる文化度の高いエリアとした。商品そのものは高価であり、従業員も選抜して、そこに張り付いている。ブランド商品に、インテリア空間、人の配置と、三拍子を揃えたところでまずそれを発信した。これも一つの文化として考えた。このブランドは、大手の百貨店では、伊勢丹と三越などに入っている。でも、なぜかこの清水屋には入店した。これも営業を担当するトップの人が詳細を調べて、紹介してくれた。普通であれば百貨店ではなかなか不可能なことでかなりのリスクも背負っている。しかしあえて実践することで、そこにあるより質の高い文化が生まれると考えたからである。今回は新ショップ開設にともなう企画のため非常に無理をしたが、投資は少なくすんでいる。

それから、2Fのヤングカジュアル、そこにもある程度のリスクを背負いながら雑貨関係の店も入れた。その結果、ヤングカジュアルについても評価が高くなり、最近は若い方も多く来店するように変わってきた。会社として多大なリスクを背負いながら、それをやり抜く。あくまでもお客さんのためであると同時に、その先には、あらたなファッション文化も生まれるだろうと考えた。

---

(10) 「VINCE」ヴィンスは、ニューヨーク発ファッションブランド。大手ショップで商品展開。

2　食の文化と芸術のコラボ

そして、「食の文化と芸術」、これが当てはまるかどうか分からないが、芸術と食をコラボレーションしたいと考えてきた。なぜなら、質の高いサービスを得るためには、量販店やコンビニではできないことを百貨店が、新しく生み出してお客さまに発信する。これを実践するために三〇坪ほどの場所を設けた。それはただ芸術作品を展示する場所ではなく、そこで多彩なイベントを開催するためのエリアである。一言でいえば、文化性の高い商業空間をつくり、そこでミニコンサートや、新しい商品の紹介やプレゼンテーションの開催も可能という環境である。

食事をしながら多彩なイベントを楽しむ。食の世界が新しいデッサンとコラボレーションすることである(11)。これは新しい試みであり、有効な文化の発信になっていると思う。やはりレストランの食事の人気と、器などの芸術スタイルの組み合わせは、お客さんからも非常に喜ばれている。ファッション同様、文化もトータルコーディネイトであることを再認識する機会にもなった。食をとおして、これも一つの文化の発信であろうと考えた。

3　書籍文化

最後は、書籍文化である。この名称はこちらで勝手にネーミングしたものである。これについては、出版社の上位六社とビジネス的な話をした際に、書籍文化という言葉を用いた。それに対して非常に歓迎を受けることになった(12)。書籍文化はいい言葉だと言われ、それではまず当

(11)　「ミュージアムホール」各種イベントにプラス「ロアジス」フレンチ料理をセット。アフターにおける「ブラッスリー」スイーツの提供。

(12)　書籍・本をとおして成立する話題、多彩なコミュニケーション空間、文化的思考を導かせる環境形成の場。

店がそれに先がけて発信していくことになった。デパートの役目もあり、最大の面積で最大の部数を乗せて実現したいと提案した。いま現在、二八〇坪の面積をもって一二万くらいの冊数である。[13] そのくらいの規模でやる意味はあるものの、量販店の坪効率を考えた場合、厳しいのも事実。しかし、百貨店の役目としてそれを発信するということは、その利点としてお客さんに新しい文化、いわゆる書籍文化を提供することができる。こちらのメリットとしては、多様な層の客数が増えることにもなる。今まで清水屋に足を運ばなかった客層も来店するようになった。これまで来なかった客がどんどん来店するようになった。坪効率のリスクを背負っても、一つの書籍文化を実現するのは、不可欠のことである。この中心商店街において、百貨店はどのような役割を果たしていかなければならないのか。それを明確に発信するためである。

もう一つの希望は、中町の中心商店街から逃げ去った業種をもう一度引き入れたい。小規模な業種も貼り付けていく、それが今後の方針でもある。それが文化につながり、商売につながると、さまざまなことがあり、すべてここから発する文化である。再度指摘するが、量販店、スーパーと同じことをしてはいけない。当店の役割としては、このような地方都市の小さな街であるが、百貨店の原点に返った内容の発信をしていきたい。それが文化的な内容を百貨店から発信するということである。

---

(13) 書籍ジャンルが専門書にまでおよび、教養度に欲求充足度がアップ。さらに書籍プラスカフェ休憩スペース提供。

第4節　ローカル百貨店の挑戦―課題に答えて―

1　再生の苦労

現状では、ここまで改装やら新しいショップやら、いろんなことを早急に進めてきたことで、まだ雑な部分は多いと感じている。とりあえず、半年間いろいろ移動や改装を重ねて、やっとここまで来たという感じがする。今後、もっと情報をつかみながら文化性の高い業態を実践に移したい。考えたことを実践に移すことは非常に難しいが、これはやり遂げなければならない。ただやり遂げる場合は、机上で論議することも確かに必要だが、机上から実施にふみ切る場合は、机上での論議はスピーディーに、そしてスピードをもった実施が必要だと考える。実践的三大目標（ファッション、食、書籍）を、スケジュールに乗った仕組みで、スピードを掲げた実践、目標をきっちりと定めて実践に移る、その手法はスピードだと考えている。

営業時間の問題に関しては、確かに手法としてこれまでと変わっていない(14)。これは店舗として配慮しなかった反省点であった。現在の営業時間は、一〇時の開店で一八時三〇分に閉店。プレオープンイベントや酒田まつりなどの中心市街地の行事に合わせて、二〇時までの延長を実施している。営業時間延長については大変な議論が続いた。その結果、二〇時閉店にした。これはお昼に来店できない方々に、夜に来ていただくことにした。しかし、告知も不足したのか、お客さまへの案内は広まっていなかった。大きな反省となっている。

(14)　さまざまな意見が交錯したが、酒田まつりや港まつりなど、年間を通じて主要なイベント期間中は営業時間を二〇時まで延長。中町モール前は、二一時までの店頭販売実施。それらが功を奏してきた。

百貨店の再生としても、これまでの既存のスタイルがまだまだ残っている。そこから新しい発想がまだ生まれていないのが現状だと思っている。従業員も、その件は「今までこうしていたからこうだよ」という既存の発想が続いている。しかし、この発想から変えていかなければならない。二〇時まで営業という告知が、どのようにお客さまに浸透するかと、その浸透の方法が間違っていた。自己の立場に限定したPR活動だった。今後、お客さまの立場に立って、どのような方法があるのかを十分に研究しながら進めていきたい。

2　フロア全体のあり方

各階のフロアマップについて、ブランド名や店名のみで、一見して何のジャンルのお店なのかというのが分かりにくい。レストランの「シエロ」は奥まったところにあり、フロアマップをみただけでは、そこにレストランがあるというのが分かりにくい。フロアマップで、ヤングファッションや婦人服など、また、レストランなどを色分けしてみたらいいのではないか。フロアマップの他に、お店のフロアガイドを冊子として、エントランスや1Fのエスカレーター前などに置いたらいいのではないか。お客さまから寄せられる声である(15)。

この問題は、売場以外の告知関連は、大急ぎでやってしまったので大変不十分だと思う。エスカレーター周りには、ある程度の表示はしてあるものの、フロアマップの具体論、それからみえる広告というのは現在ない。以前、フロアマップは、正面玄関、エントランスホールと3Fの駐車場の連絡口にはあったが、メンテナンスが大変不行き届きなので、今回は外してしまった。今後、あらたに設置したいと考えている。やはり、プレオープンから店舗内はかなり変

(15)　清水屋は、エントランス以外に、モール側、柳小路側、3F駐車場側三か所に入口が設定。

わってきたので、メンテのできる仕組み、仕かけを含めて、今後はメンテを容易にできる、お客さまに分かりやすい店内マップを作っていきたい。これまでも大きな課題でもあったのに、大急ぎでやった結果、より分かりにくいものになってしまった。お客さまの立場に立ったフロアマップになるよう改善していきたい。

3　ヤングカジュアルについて

ヤングカジュアルのフロアには、三〇代、四〇代の女性はかなり増えている。一〇代～二〇代向けのブランドの洋服も取りあつかっているものの、まだまだ一〇代～二〇代の女性客は少ない。少ない要因としては、まだまだ認知されていないのか、これからその世代のお客さまを集客する課題は多い。よく受ける指摘は、フロアガイドとか、レストランガイドのパンフレットを作成したらどうかという意見、ヤングカジュアルには、どんなお店が入っているのか分かりにくい部分があるという。(16)

考え方として、あくまでも商売であること。商売に関しては、四〇代から六〇代の一番人口の多い層をターゲットにした商売をフロア構成に活かしている。この層をターゲットにしているため、一〇代～二〇代のフロアに関しては確かに弱体である。しかし、酒田市内、庄内全体でもいわゆる一八歳から二三歳は、一番人口が少ない。それをいかに掘り起こすかというのも大きな課題であるが、人口が少ないのにワンフロアを使ってやるのは危険という認識をもっている。しかし、ヤングという売場は少しだけ拡張した。いまは、四〇代から六〇代をターゲットとして商売しており、その中からさまざまな文化を発信することを心がけている。ただし、

(16)　2Fヤングカジュアルは、以前からブランドが混在して分かりにくいという指摘。しかし、近年のコラボレーションスタイルとの関係から、調整が続いている。

いまの一七歳から一八歳まで、いわゆる高校生までをターゲットとした売場も、当然、今後とも充実することは考えている。それは、一つの遊び要素を加えたものとして、集約していくというものである。そこには、アミューズメントの拡大と合わせて予定を組んでいる(17)。

それと、ファッションも、一部売場再移動でそれを設けようという考えもある。それを見捨てたわけではなくて、それをやるという方向で進める。しかし半端なことをしても具合が悪いので、社内で十分に協議しながら、外に発信するためにはどうするかということも含めて考えていかなければならない。ヤングカジュアルのスペースは、改装して一・五倍になっている。新しいブランドも数社入れてみた。これは全部リスクを背負っている。しかし、リスクを背負ってもそれはやるという意気込みは必要。ただし、それは地元の一八歳から二三〜二四歳くらいまでの人口は少なく、企業としては非常に危険ではある。状況をみながら、少し増やし、それから多少絞りながらバランスを考えたい。

ヤングカジュアルファッションフロアのブランドが少し分かりにくいなという問題、若い人に人気で、雑誌にも載っているような有名なブランドが入っているのに、ブランドの配置や、洋服の置き方、いろんなブランドが五つくらい一緒にまとめてブースに置かれていることなど、ブランドが分かりにくくなってしまっている。それが原因かどうかは分からないが、酒田の若い人はもしかしたらこのようなブランドが清水屋に入っていることを知らないのではないか。若い人に向けての広報活動にも力を入れて、若い人に清水屋に入っているブランドについて知ってもらうことで、若い人の集客も上がるのではないかという意見もあった(18)。

最近の傾向として、ブランドを全部掲げる手法から最近はコラボレーションというスタイルが流行ってきた。百貨店でもブランドとブランド、壁で挟んであったものをある程度コラボレ

---

(17) 酒田市の二〇代消費傾向は百貨店スタイルと異なりSCスタイルが圧倒的。清水屋では逆に、大都市へ出た世代の帰省などに合わせた消費可能な、百貨店スタイルを提供していく。

(18) 地元二〇代世代にも百貨店ブランドに関心のある人たちが目を向ける工夫。注(17)戦略とセット。

ーションして販売にあたる。いわゆるジャケットはAブランドで、スカートはBのブランドで、最近はある程度垣根を取り払って、そういうブランドのコラボレーションが多くなった。これが大変人気が出て、ワンブランドでは広がりがないので、組み合わせるものをもってくることで、複数のブランドを融合させるというのが最近の流れでもある。当店ではまだあまりやっていないが、今後ともそれは必要だろうと思っている。これはあくまでも若い人のためという視点で考えている。

4 中心商店街とのコラボレーションは不可欠

中町モールや中心市街地で開催するイベントに対して、スナック菓子やフルーツやデザートなど、たとえば清水屋の商品として、清水屋パックやマリンパックなどをコラボ商品として販売するのはいかがなものだろうか。イベントを開催する場合、百貨店でも一緒に関連した商品を売り出すことで、それが清水屋の認知や広報活動につながるのではないか。料理教室が大人気、全国うまいものまつりなどの盛況、そんな非日常に対して人は集まってくる。人が集まっている非日常の世界に、清水屋のコラボ商品を外に発信をしていけば、親子連れや、女子高生も来てくれるのではないか、そんな調査結果を受けた(19)。

これは大変重要なことであり、調査結果も有効だと思った。やはり清水屋は中心商店街の核であると認識している。核の力が衰えれば、周囲へも大きな影響を与え、衰退していくことになる。ゆえに当店はやはり商店街、いわゆる周りの商店街組合を巻き込みながら、今後とも一緒になったイベントを組まなければならない、そう思っている。ただ、いまプレオープンして、

(19) 料理にプレステージ効果の付加価値を求めるメディア環境的な商品や食材を提供し関心を誘う。

やっと始まったばかり、まず自力をつける必要もある。そこから今後とも中心市街地の中和会振興組合と中通り振興組合、それからもしできるものなら、たくみ銀座商興会などと一緒に組むということ、そしてイベントを打つということが必要だろうと思う。[20] 当面、それを実施するには困難も多く、私たちが少し頑張っていろんなことをやり、来年につなげていきたい。これは私の念願でもある。ただ、やっと百貨店業を再生し、開始したばかり。それで、まだ足元がぐらぐらして、よその方に声をかけても、自分が安定しないのではということもある。安定しますよ、というところに来年はもっていきたいと考えている。

そして共同のイベントは必要だ。まずは中和会振興組合と中通り振興組合と組み、三者が共同で実施するイベントを年に何回か企画するということ。そして街に客を呼び寄せようと。これが必要だろうとそう思っている。しかしまだ足元がぐらぐらしているから、もう少し見守って欲しい、これが実践者としての思いである。三者がスクラムを組むというのは郊外SCとの戦いだろうとそう思っている。

〈参考文献〉

・成澤五一、二〇一二年「清水屋の再生と地方百貨店から発信する文化」『第四回中町シンポジウム報告要旨』

・成澤五一、二〇一三年「マリーン5清水屋業績報告会」資料

・仲川秀樹、二〇〇六年『もう一つの地域社会論—酒田大火三〇年、メディア文化の街ふたたび—』学文社

(20) 二〇〇一年一〇月「SHIP」サポート体制では、中町商店街振興組合連合会として、周囲の商店街組合が共同で広報活動に尽力した。この時以来、特定イベントの商店街協力プロジェクトは存在していない。

第4章 ローカル百貨店から発信する文化

第1節 グランドオープン

1 百貨店の原理原点を再考

この一年、地方百貨店から発信する文化ということで、課題を預けられ、実践者の立場で考えてきた。理論などで説明するよりも、実践する過程で示す、ある方向やある思想によって百貨店を創り上げていくということである。プレオープンからグランドオープン、二〇一二年三月から一〇月、そして二〇一四年と、これまでにない百貨店運営を試みてきた(1)。自分たちで百貨店を創り上げる、いわゆるローカル百貨店をどうしていくべきか。社会が大きく変化していく、世の中が変わっていく、そこであえて百貨店を選んだという事実。あくまでも実践者の立場ということをふまえて論じていきたい。

(1) 本格的レストラン・スイーツコーナー、大型書店開設。ミュージアムホール開設。ファッション・コミュニケーション中心の百貨店。

中心市街地のシンボルとされた、「清水屋」という百貨店を消してはならない決意から、二〇一二年三月に新百貨店事業をオープンさせた。(2) 当社の役割は何なのかということが一番大事であり、中心商店街のなかにあって何をどうするべきか、これを考えることが必要だと思っている。自社だけでなく、市民の方々、各関係会社や行政とともに、あくまでも目的は、中心商店街づくり、まちづくりを念頭において進めている。

それにはまず百貨店の原理原点について、いま一度再考する。なぜ百貨店が出現したのか、それからはじまった。百貨店は歴史が長く、ほとんどの店は衣料品を中心に展開していった。食料品(を扱う店)から百貨店になったところはあまり例をみない。あくまでも、衣料品に関係した企業が百貨店業に進出した歴史がある。衣料品販売には二つのスタイルをみることができる。一つは「安かろう悪かろう」、何でもいいだろうというようにバンバン売るところと、もう一つは誠実な商売、いわゆる「誠実商品」を前面に出したところである。百貨店誕生のきっかけは後者にあった。「誠実商品」で誠実な商売をした。いわゆる定価販売で、ごまかすことなく、一つの製品を誠実な価格で誠実に商売をしたという方向が百貨店の原理原点である。そして、いわゆる対面販売、お客さまとのコミュニケーションによる合理化商法。これは専門店からきているので、これを合理的に進め、以後百貨を扱うようになり、誕生したのが百貨店業態である。百貨店業態の誕生の経緯はこのような流れにあった。

2　百貨店の存続と進化

つぎに、当百貨店を存続進化させるために方針を考えてみる。ただ、表面的なことを並べて

(2) 中心市街地中町のシンボルを維持し、「マリーン5清水屋」単独百貨店運営。

も、百貨店業態を維持するのは困難である。ではどうするべきかに百貨店を選んだ理由がある。日本全体で、中心商業地域はどんどん劣化しているのが現状であるにもかかわらず、あえて百貨店業態を選んだ基本的背景はつぎの三つである(3)。

一番目として、やはり百貨店の原理原点は「誠実商法」である。これを進めていきたいと思っているからである。当然、商品が「安かろう悪かろう」では困る訳で、お客様のニーズに合った、どうしても欲しいという、そういったものを「誠実商法」で、これらを今日的にアレンジしながら進化させたい。その延長に中心商店街とどのように対応していくかを念頭におくことができる。

二番目は、商品の差別化を進めていくことが大事である。SC関連の施設には、原則的に百貨店ブランドは入っていない。商品の差別化を出すために、百貨店ブランドを明確にと堅持しなければならない。SCの真似をしたら百貨店は消滅しますよということはきちんと頭に置いている。百貨店メーカーの確保、展開をきちんとしていくことが大事。

三番目は、商業の枠を超えた空間創造の必要性。商業空間というのは、多彩である。文化的な空間、商業施設的な空間、それに商店の箱としてのインテリアという空間もある。それらを全部総合したもので、採算を度外視しても、そうした空間は必ずつくりたいと考えている。

3　合理化で捨て去られたものを再び展開する

当店はこれらの背景のもと、店舗主体も、このような考え方で展開していく。そして環境に沿った、お客さまのニーズに沿った業種業態を展開させる。百貨店といえどもローカルに合っ

(3)　「清水屋デパート」として酒田の中心市街地に開店した原点を再考する。

た、いわゆる地方の百貨店、ローカルという言葉を使用しているのも、地方に合った百貨店の業種業態を展開、実現させるためである。ここが一番重要だと思っている。

近年の考え方は、要するに効率から発して採算が割れたらやめてしまえというもので、百貨店の百の業種業態、これを捨てていった。当店も、三五年前には家電の電器屋さんがあった。大きな文房具の専門店もあった。書店もある程度大きいものがあった。若者の欲しがる雑貨店もあった。さまざまな業種業態があったのに、それをどんどん削っていった。この場合は退店してしまったことになる。一つ店をなくした後どうするかという対策が百貨店側になかったと感じている。それで、簡単に言えば衣料品が手っ取り早いため、全体的にそういった方向に進んでいった。効率だけに走り、政策を衣料品化に求めた。それがリーマンショック後も続いていた。効率主義をどんどん進めた。スーパーや量販店が効率主義であるから、百貨店もその方向に進んでしまったと解釈している。(4)

もう一回原点に戻り、環境を整える時機に入った。百貨店業態を主体にして、どうしたらお客さまから支持されるかについて、多様な業種業態をもって、もう一度展開することを目指す。不況で大手百貨店も苦しんでいるが、書店や文房具店を大きく入れ替えることで活気づいた例もある。それは東急本店で、二フロアを文房具店と書店で埋めた。この工夫で客数が六%伸びた。当然ながら全体の売り上げも伸び、相当業績に貢献しているということで、実績に出ている。

(4) 百貨店なのに店内商品配列は、スーパーかディスカウントショップになってしまった。「中合清水屋店」は典型だった。

第2節　ファッション・コミュニケーション

1　ローカル百貨店にみる地域の伝統

しかし、大手百貨店の「まね」、いわゆる大手の縮小版を考えるのではない。ここ酒田市に合った、庄内に合ったモデルをつくろうと考えている。ローカル百貨店のモデルを創造するには、当社は「文化性」が重要と考えた。この文化的スタイルを中心に進めながらの店舗運営を展開している。それでは文化というものをどのように具体化するのか。文化の中心にあるのはファッションと位置づける。百貨店で当然一番大事なものであり、百貨店はファッション・コミュニケーションを提供する場所であると考えている。(5)

二〇一二年の三月に百貨店業を引き継ぐ時、従業員に一番最初にお願いしたのは、「コミュニケーションをとりましょう」ということである。コミュニケーションとは何かについて話し、「お客さまとのコミュニケーション」「同僚関係のコミュニケーション」、それから「上下関係のコミュニケーション」の三点をまず実施しよう掲げた。真っ先に従業員に言った言葉である。その中身は、こんな小さなマーケットでも、清水屋そのものは創業してから長い歴史が存在する。企業は三〇年で一回展開を切るというように言われるなか、清水屋でも何回も変革してきた。今回も三五年という節目でうまく進めている。

これまでの経過も含め、やはり百貨店「清水屋」という伝統を大事にしなければならない。

(5)　特定の階層を対象にした百貨店運営。ファッション感覚にコミュニケーションの成立する店舗。さらにエンタテインメントのイベント空間の提供。

これは支持していただいたお客さまを大事にすることでもある。ただ、それだけでは厳しい。現状のままでは、必ずお客さまから飽きられる。伝統を大切にしながらも、つねに新しいことをお客さまに提案していくこと。それがいまの大きな課題である。

2 ファッション・コミュニケーションの重要性

百貨店は、ファッション・コミュニケーションを提供する場所である。ファッション・コミュニケーションはいまの清水屋のコピーでもある。洋服やそのブランドのデザイナーを尊敬しようと従業員に話している。尊敬ということは、ファッションを、商品を、その総括的な部分を、正確に勉強すること。それを大事にしながら、ファッションという文化を前面に打ち出すことが必要だと。これを実践しよう、机上ではなく現場でやりましょうと従業員に伝えている。これもファッション環境構築のためのコミュニケーションである。

日常的に、百貨店に来店いただくということは、やはりスーパーや量販店とはまた異なる部分で、目的をもつ商品、それを探す楽しみという付加価値も必要である。お客さまが商品を探す楽しみ、それを遂行してもらうために、どう付加価値を充足し続けるか、百貨店側としても最大限努力をしている。そして、つねに、それを進化させることが大切であると思う。

何度も繰り返すが、百貨店の文化性とはファッションが主体である。中合清水屋店の頃は、店舗内では衣料品が相当なウェイトをもっていた。それを（新百貨店事業の）オープン時に、約一〇％、四〇〇坪の衣料品売場を圧縮した。しかし、それは捨てたのではなくて内容を充実させたと解釈して欲しい。なぜなら、その四〇〇坪は、文化の発信を高めるために、5Fのレ

ストランや料理教室、4Fの書店スペースを充足させたからである。(6)

第3節　エンタテインメント性と劇場型文化

1　百貨店のファッション性

ミュージアムホールも、二〇一二年までは普通のフロアであった。やはり百貨店のエンタテインメント性を発信するために、お客さんが楽しめる場所を考え改装した。このミュージアムホールでの発信内容は、何を、セールを、どんなコンテンツを発信するか、そこにはやはり楽しさを売り物にする、そこに出かけると何か面白いものをやっている、娯楽性の高いエンタテインメントそのものがそこにあるということ。つまり、清水屋スタイルの「劇場型文化」を発信する意味をもった場所として改装した。(7)今後、さまざまな計画を打ち出していき、ここで「劇場型文化」を発信する。それをお客さまにも、清水屋で何か開催している、そして足を運んでもらう。言い換えれば、「お客さまに来てもらう」ということでもある。

いま、進めているのは、ファッションが主体であるが、劇場型にシフトしながら、文化を発信していく。ミュージアムホールをつくったのは、酒田市や庄内地区には音楽や劇団などのグループが多く、発表の場を求めている、その発表の場を提供したい。そうした関係者に提供する準備も進めている状況である。

---

(6)　一般の百貨店運営でも衣料スペース縮小傾向だが、清水屋の場合は別の事情でバランスを配慮。

(7)　百貨店システムを構成しているのは劇場という特別な空間であること。お客さんは観客であり、店内では消費を楽しむ文化的な環境も吸収できるスタイル。

ミュージアムホールの開設に合わせ、酒田市出身のアーチストグループ「上々颱風」を呼んだ時、反響が多く、問い合わせがいっぱいだった。(8)「清水屋はそうした試みをするのか」という問い合わせもあった。市民の皆さまのためにやりますという方向性を出しているこの施設は、当然のように土曜・日曜の集客をはかることも狙いである。ただ、会場提供には、費用の請求は一切なしで、発表の場を提供することが目的である。何より市民の方々が会場に来てくれる、そういったことを一番のショーとしたい。百貨店は中町商店街の核としての役目が必要だろうと。残念ながら懸案の映画館はできないが、文化を発信できる場所を提供しようということである。重要なのは、「お客さんを来させる」ということである。

マリーン5清水屋から発信する文化というものを理論づけするのは難しい。しかし、ファッション・コミュニケーションの場所として実践することである。週末休日の集客をはかるために、この場所の活用を大いにやっていきたい。酒田市を中心とする庄内エリアのさまざまな方々に出演をお願いして文化を発信したい。ファッションとコミュニケーション、この二つを手づくりで進める。

いわゆるコンサルタントと呼ばれる人は多いが、あまりコンサルタントを頼ることはしない。なぜかは、それは実践者とコンサルタントのあいだにある乖離、コンサルタントの真似には、企業としてのリスクが存在する。もし、コンサルタントに依頼しても、ノウハウを借りるという方向で、あとは自分たちで考えてアレンジする。自分の店でそれをどのように活用するか、自分なりのものをつかむというのが大事だと思う。一番大事なのは現場から発信すること。現場が一番よく知っているという考えである。現場をいかによく利用するか、それを実践していくことが一番大事である。

(8) 白崎映美「上々颱風」ブログ。

2 エンタテインメントと劇場型文化

　プレオープン、グランドオープンから二年目に入り、ファッション・コミュニケーションを前面に出して、それを現場で築き上げてきた。そして、この思想をとおして「劇場型文化」を提供する。そうすることで、必ずエンタテインメント性は高まると思っている。楽しくなければお客さまは来ない。楽しいことをどんどん提案する。エンタテインメントは娯楽であるという学問的考えもあるので(9)。こういうことをやりますよといった具合に。スーパーや量販店と同じスタイルではいけない。大きな表現であるが、「劇場型」というのは、美術館とか博物館に類似する文化空間も中心市街地にも必要であろうと。ただ展示部門という理解ではなく、娯楽性というオプションを入れての発想である。

　百貨店内のショップに関しては、ある程度の投資を考えている。採算というものもあるが、この店の目玉だという時は、思い切って投資する。お客さんから見た場合、ああすごく綺麗になったと、感動を与える商業空間、文化空間をつくりたい。

　最後に、新百貨店事業初年度の業績について説明したい。当社の資産内容、現状はこうなっている。貸借対照表というものがあり、資産の部と負債の部があり、純資産の部には株主資本がある。負債のほか、資本金を加えた剰余金が約六億円ある。資産が約一九億三三〇〇万円で、三分の一が純資産として残っている。比率からいうと、大手企業に匹敵する内容になっている。安心する訳ではないが、ある程度の体力はある。そして、初年度の業績に関しては、経常利益を約二五〇〇万円出している。以前の旧百貨店の赤字体質から黒字になった。今後も続けてい

(9)　仲川秀樹、二〇〇五年『メディア文化の街とアイドル—酒田中町商店街「グリーン・ハウス」「ＳＨＩＰ」から中心市街地活性化へ—』学陽書房、二四ページ。

けるように我々は努力していきたい。今期が勝負だと思っている。(10)

評論家ではないので、ただ実践するのみ。エンタテインメント性を高めることが一番大事だろうと。従業員に関してはコミュニケーション。仕事をするためにどうするか。トップダウンではなくて、「Plan Do Check Action」という言葉を、それを順番に実践している。失敗もあるし、成功もある。そういったことをふまえ、「Plan Do Check Action」のサイクルを回していく。そういう仕事の仕方を目指し、従業員にも言い続けている。従業員もまだまだ完璧とはいえないが、言い続ける。目標をもってそのように引っ張っていくしかない、そのように考えている。

第4節　ローカル百貨店から発信する文化―課題に答えて―

1　学割をとおしてのコミュニケーション

学割サービス企画(11)について、せっかくこのようなサービスがあるのに利用する生徒が少ないのではないかと感じている。学割があるお店についてはスタッフの方が「生徒手帳を提示してくだされば割引サービスを受けられますよ」という言葉を積極的に発することによって、学割サービスが多く利用されるようになる。そして、多くの若者の集客も望めるのではないか。

いま、学割については飲食店に関して実施している。百貨店側も発想が貧困で、何円引きと

(10) 成澤五一、二〇一三年、「マリーン5清水屋業績報告会」資料。

(11) 清水屋店内のカフェ・スイーツ、ベーカリー、お弁当各店舗で生徒手帳・学生証提示で一〇％割引サービス。

いう表現だけで終わっている。これでいいとは思っていない、飲食の場所や商品の内容によって改善させていかなければならない。営業との問題もあるが、学割ができる場所も拡大する方向で進めていく。若者に来ていただける、来させるという要因をどんどん作っていかない限り、割引だけやっても空振りに終わってしまう。中学生や高校生の方々が立ち寄れる店舗や商材を増やさなければならない。飲食だけではなくて、そういう環境もつくらなければならない。来て楽しいと思える施設を提供するように努力する。そういう魅力あるショップをいかに館内に出すかということが必要と思っている。

2 エンタテインメントとミュージアムホールの空間

料理教室ブースで開講している、タッパーウェア簡単料理教室を見学していると、指導してくださる方と楽しくコミュニケーションができて、商品の宣伝もできる大変良い機会だと思った。土日は集客を見込んで劇団やダンスチームなどを呼んだイベントをミュージアムホールで開催。それにタッパーウェアの料理教室についても今後も継続はどのようになるのか(12)。

料理教室に関しては大変好評である。三か月サイクルで開講しているが、つねに、満杯状況。好評の理由は、中央から人が来るのではなく、地元の食材を使って地元の方々の指導で作るということにある。グループを組んで実施し、身近なことで成功をしているのではないか。一番いえることとは、食の都庄内親善大使の太田政宏シェフが監修していることが大きい。講師は八人ほど担当しているが、シェフが目をとおしているので、いい加減はことはできない。教室のバリエーションも多くあり、年代としては三〇代から四〇代の方々の参加が多い。作った料理

(12) 5F料理教室会場にて、通常の教室以外に「タッパーウェア簡単料理教室」イベント開催でのコミュニケーション。

は最後に自分たちで食べるために、そこで食を通じてのコミュニケーションも生まれている。

タッパーウェアに関しては当社からアプローチした訳でないが、新潟の本部からおいでになって、こういうタッパーウェアの催しをしませんかという話が出た。おかげさまでそういう教室も開講できた。きちんとやり遂げられれば、優秀な企業に来ていただけるということを実感している。タッパーウェア新潟の方も、非常に楽しみで、商品紹介も料理の教室を開きながらやっているので、好評である。一回やって終わりではなくて、これからもずっと定期的にやることにしている。売上そのものはまだ小さいが、コミュニケーションを取りながらの作業は、メーカーさんとも仲良くなりましょうと進めている。いいものを紹介できるという一つの例になった。

3　プリコーナーのファッションとコミュニケーション

二〇一三年七月にオープンしたプリコーナーについて。プリコーナーは、酒田市内でも高校生までの人口は確定している、その方々にどうしたらサービスができるかという発想である。『コンパクトシティと百貨店の社会学』[13]の本を読んで、マーケット調査、それから高校生のいろいろな言葉を参考にした。それで、まず一つは書店をつくった。書店にはオール客層が来てくれている。三〇代前後のファミリーも来てくれている。生徒も来てくれている。そうなると、本屋だけでは物足りない。もっと楽しむための商材を付加しなければならない。それで、ファッション文具を入れた。小学生対象のキャラクター商品も同時に導入した。

そして、中学生や高校生を単独で集めるために、何か必要なものはということで、やはりプ

(13) 仲川秀樹、二〇一二年『コンパクトシティと百貨店の社会学―酒田「マリーン5清水屋」をキーにした中心市街地再生―』学文社。

リクラショップが浮かび、冒険と考えながらも開始した。最初から大きなスペースで大きくやってしまうのはリスクが高いので二五坪に限定した。この中に何を入れるか。機械があってそれでOKというのはダメ。そこに付加するものは何か、他の例も調べた。そこで衣装を貸す方法も考えた。それだけではなく着替え室も必要だろうということでパウダールームを設置した。着替えをする場合に自分の荷物がある。そのままではサービスが欠けているので、コインロッカーを用意した。これは返金システムで、無料で預けることができるサービスにした。大事なのは、そこでコミュニケーションする場所も必要で、カフェコーナーの自動販売機、最新のカップ式のフタとストローつきの自動販売機も置き、ある程度の付加をした。かなり好評だった。(14)利用者の金額の目安から、約一か月で六〇〇〜八〇〇人くらいの利用者になっている。少ないが、決して損はしていない。よく遊んでもらっている。施設サービスを付加することで、娯楽的な場所としてのエンタテインメント的環境にしている。今後の方法は、もう一度担当レベルで検討している。ここで止まらないで、施設と連動したイベントをどうするかということも考えている。プリコーナーをとおしてのエンタテインメント空間のオプションは、百貨店のファッション・コミュニケーションにも共通している。今後ともイベントを仕かけながら、利用者を多く受け入れられるようにもっていきたい。

〈参考文献〉

・成澤五一、二〇一三年「百貨店から発信する文化」『第五回中町シンポジウム報告要旨』
・成澤五一、二〇一三年「マリーン5清水屋業績報告会」資料

(14) 4Fプリコーナーのカフェエリアでは、自販機もおしゃれな商品にシフトした。カワイイとおしゃれもトータルコーディネイトである。

・仲川秀樹、二〇〇五年『メディア文化の街とアイドル—酒田中町商店街「グリーン・ハウス」「ＳＨＩＰ」から中心市街地活性化へ—』学陽書房
・仲川秀樹、二〇一二年『コンパクトシティと百貨店の社会学—酒田「マリーン5清水屋」をキーにした中心市街地再生—』学文社
・仲川秀樹、二〇〇四年「地方都市活性化の試みと世代間にみる影響の流れ—酒田・中町商店街活性化のプロジェクト意識をめぐって—」『日本大学文理学部研究費研究報告書』日本大学文理学部

第5章 コンパクトシティと百貨店のファッション性

第1節 二〇一二中町シンポジウムから(1)

1 コンパクトシティ中町とファッション・ストリート—メディア文化の街、フィールドワークの軌跡—

司会 ただいまより、第四回中町シンポジウムを開催させていただきたいと思います。本日は、マリーン5清水屋イベントホールまで足をお運びいただき、まことにありがとうございます。ゼミナール生一同、心より御礼申し上げます。また、シンポジウム開催までのあいだ、たくさんの方々にご指導をいただきました。この場をおかりして厚く御礼申し上げます(2)。

私たちの酒田市中心市街地中町を対象とした調査研究は、一〇年にわたります。ゼミの先輩たちから引き継いで続けてまいりました課題を毎年再検証しながらです。その結果、今回の共通テーマとして「コンパクトシティと百貨店のファッション性」につながりました。社

(1) 二〇一二年一〇月七日(日)、一二時三〇分〜一五時三〇分開催。

(2) 担当は社会学科三年、畠中理沙。

会学的な視点から調査を続けてまいりました。私たちの調査は未完成な部分や未熟な部分が多いと思います。この点に関しましては、今回お越しいただいた皆さまからご指摘やご教示を頂戴できれば大変嬉しく思います。

一般的にシンポジウムに関しましてはさまざまなスタイルがありますが、本シンポジウムでは、私たちの専攻する社会学から、日本社会学会、日本マス・コミュニケーション学会、日本社会学史学会などの主要学会に準拠した形式にて進めさせていただきます。そのため、本日は着席というスタイルで進行させていただきたいと思います。

本日は、皆様にお配りいたしました報告要旨に沿って進めていきたいと思います。まずは報告と討論から始めたいと思います。プレ報告として「コンパクトシティ中町とファッション・ストリートーメディア文化の街、フィールドワークの軌跡ー」です。

プレ報告　プレ報告「コンパクトシティ中町とファッション・ストリートーメディア文化の街、フィールドワークの軌跡ー」について報告させていただきます(3)。司会者同様に、着席をさせていただきます。本日はどうぞよろしくお願いいたします。お手元の資料に沿って進めさせていただきますので、どうぞご覧ください。

まず、私たちのゼミナールでは、シンポジウムの開催にあたりまして、二〇〇三年、二〇〇五年、二〇〇九年、二〇一一年、二〇一二年、五回の本調査と一五回以上のユニット別予備調査を、ここ酒田市にて実施してきました。各年個別のテーマを掲げまして、「中心市街地活性化」、「商店街発アイドル研究」、「中心市街地の進化」、「中心市街地のおしゃれとカワイイスポット」、「中心市街地のシンボルと百貨店の重要性」についての報告をしてきました。これらの研究成果は、すでに出版・刊行し報告されています。これらをふまえ、中町は「メ

(3) 担当は社会学科三年、中尾唯。

ディア文化の街」を伝統とした「メディア環境」の機能をもったエリアと定義づけをいたしました。

〈メディア環境とは〉

ここで、メディア環境の意味について説明させていただきます。メディア環境とは、メディアから発信されている、エンタテインメント（娯楽）性の高いモデルを提供できるエリアです。

具体的にはファッション関係やブランド品の提供、全国的に誇示できるコンテンツをもつということです。中町は、こうしたメディア環境の備わった場所であるという意味です。なぜそうなったかというと、一九七〇年代、映画・百貨店・レストランなどのメディア環境が大都市に劣らないほどたくさんありまして、そこで培われてきた独特のスタイル、「中町スタイル」というものが確立されていきました。(4) このスタイルは、酒田の人びとに継承され、中心市街地の文化として企画され、発信されていました。

〈商店街発アイドル「SHIP」登場〉

一九七六年の酒田大火ののち、この文化は潜在してしまうのですが、その環境を経験した人たちが二〇〇〇年代に全国に先がけとなる商店街発のアイドル「ＳＨＩＰ」を誕生させました。(5) 今日の地方アイドルブームや、街かど映画館などがそうであるように、他の都市に先がけて実行するものの、他の都市に模倣されてその都市の方が成功してしまう企画が多く、結果的に酒田の街には何も残らないというような事態にも陥ってしまっています。

つぎに、ファッション・ストリート中町について考えていきたいと思います。先ほど説明した中町スタイルは、通称「中町ファッション」とも呼ばれています。具体的には、周辺地

---

(4) 全国ロードショー同時公開洋画専門館、本格的フランス料理レストラン、大都市と並ぶメディア環境の街。

(5) 中町商店街発アイドル「ＳＨＩＰ」地方アイドルの草分けとなった。

域から中心市街地に訪れる際によそ行きの格好をしていくスタイルです。中町というのは、日常生活に必要な機能をもちながらも非日常的なスタイルで訪れるエリア、特別な非日常的な空間としての場所とも考えられています。地方都市の商店街というのはローカル・コミュニケーションも主流ですが、中町は非日常的な、日常とは離れた街という意識もあります。

〈郊外型店舗「とりあえず空間」へ〉

ところが、時代が流れていくにつれて、人びとのライフ・スタイルは利便性や安価なものを求め、大量消費をするものに変化していきました。その結果、地方商店街に危機が訪れ、郊外型ショッピングセンターが逆に隆盛していく形になっていきました。この結果、中町の社会的な機能や役割が変わっただけでは済まない状況に陥ってしまうことになります。

中心市街地の危機について説明させていただきます。一九九〇年代後半以降、余暇時間を過ごすために目的をもった行動をするのではなく、「とりあえず〜」という動機によって行動することが多くなりました。その選択を充たすのが「とりあえず空間」(6)としてのショッピングセンターです。その全盛は、中心市街地に大きな影響を与えました。

ショッピングセンターは、豊富な商品ラインアップ・低価格・まとめ買いができる複合型の大きな施設であり、車一台で一日の大半を過ごせる形になっています。ここで、先ほどの時代性の話とつながるのですが、利便性中心の家族生活をカバーできるショッピングセンターが注目される一方で、従来の商店街エリアのシャッター街現象を増大させてしまいました。

〈コンパクトシティの有効性〉

つぎに、コンパクトシティとしての中町の概念をここに当てはめます。酒田大火以降、中町の危機的な状況は日常化したのですが、中心市街地に残る人たちの意識に変革を促す契機

(6) 休日など目的をもたず「とりあえず〜」出かける場所、通称SCを指して用いた。

にもなりました。なぜ変革を促すのかとは、若者が中心市街地から離れてしまうという形になりながら、一方では、従来の街よりも安全で安心な、便利な街というものを目指すような流れをみるようになりました。これはコンパクトシティの概念に該当する、「中心市街地ですべてが揃う」というものであり、市役所・金融機関・病院・百貨店・スーパー・書店・文具店・大小の公園など、重要な機関がすべて中心市街地でまとめられていくという形になっています。これは、安全で安心な便利な街という存在を理想とする形です。今までのショッピングセンターに求めていた利便的な空間を中心市街地で機能させることができる存在こそが、「コンパクトシティ中町」という概念です(7)。

〈百貨店をキーにする〉

その中町においてコンパクトシティの鍵となるのが、「マリーン5清水屋」であると私たちは考えています。中心市街地のシンボルとして、このマリーン5清水屋は位置しています。中心市街地の利便性を高め、維持する存在であり、コンパクトシティのためには不可欠です。それを説明する一つの例ですが、高校生のおしゃれな意識が関係してきます(8)。第三回中町シンポジウムでの報告にあったように、酒田の高校生のおしゃれ意識の高さは大都市の高校生とあまり違いはなく、一九七〇年代のメディア環境世代のトレンドも継承されていると考えられます。百貨店の意味するものは、おしゃれをして目的をもち、そこに集まるという行為なのですが、それによって百貨店はファッション空間となります。百貨店というステージをファッション空間的に考えることで、あらたな中町ファッションというものがつくられます。

以上で、これまでの概要を兼ねてのプレ報告を終了させていただきます。ありがとうございました。

---

(7) 仲川秀樹、二〇一二年『コンパクトシティと百貨店の社会学─酒田「マリーン5清水屋」をキーにした中心市街地再生─』学文社。

(8) 二〇〇九年酒田市内高校生調査。

2 百貨店のファッション（文化）性―地方百貨店の存在価値と役割―

司会 プレ報告ありがとうございました。続きまして、報告1「百貨店のファッション（文化）性―地方百貨店の存在価値と役割―」に移ります。

報告1 それでは報告1に入ります。テーマに関しましては、「百貨店のファッション、文化性、地方百貨店の存在価値と役割」について報告いたします。よろしくお願いします。(9)

最初に、地方都市の百貨店についてです。地方都市というのは、基本的に人口規模や商業・ビジネス環境が都心とは大きく異なるため、明らかに人がいないのが現状です。そのような社会環境を考えれば、人がいるいないにおいて、正確に中心市街地を論じるには無理があります。単純に大都市の百貨店との比較を考えるのではないということです。地域のスタイルに沿った百貨店としてみることを前提としていきます。私たちの研究も、過去のフィールドワークの経験も生かし、あらためて酒田市中町の地での百貨店の存在価値を考えることになりました。

〈地方百貨店の店舗スタイル〉

地方百貨店は、東京の百貨店のようでありながら、ある種大都市とは異なる店舗運営の必要性に迫られています。大都市には、百貨店に類似した専門ビルや駅ビル、専門ショップなど、たくさんのお店が存在し、さらには人口過多です。なので、百貨店協会の指針に沿いながら顧客などの対象者を特定できます。

それに対し、地方都市中心市街地の百貨店についてです。中心市街地に位置する百貨店と

(9) 担当は社会学科三年、芦刈優。

いうのは、大都市の百貨店とは取り扱う商品のラインアップも当然違ってきます。ここマリーン5清水屋をみると、それが明確であると思います。1Fの食品コーナーには、デパ地下のような高級惣菜に対して安価なペットボトルや食品も並んでおり、5Fには一〇〇円ショップもあります。地元で、よく清水屋は、デパートらしくないという声を耳にします。(10) けれども、そういった地域性を考えれば不思議でも何でもなく、むしろ地方都市の百貨店らしさを反映しているのではないでしょうか。中心市街地であるがゆえに、近くのスーパーマーケットとの相乗的機能が果たされているのだと考えます。百貨店の存在がコンパクトシティの鍵になっていることが、こうして徐々に感じられてきます。

コンパクトシティ中町の鍵をにぎる百貨店というのは、その地域の多彩な文化を発信できる場所であることにあります。この地方都市での文化的発信というのは、多彩なエリアでなされるものの、メディア文化の様相をもつファッション性というのは百貨店のブランド商品やイベントコーナーなどによくみられます。あらためてこの意味を考えることで、百貨店のファッション性を浮かび上がらせることになると思います。

〈百貨店のターゲット層から考えるコミュニケーション〉

つぎに、百貨店のターゲット層プラスαについてです。清水屋のターゲット層は、三〇代後半から四〇代以上の女性をメインにしています。これを象徴しているのが、ファッションとレストランエリアです。報告3で詳細の説明がなされますが、カフェコーナーやレストランを利用する客層は、明らかにそうした層が多いです。さらに衣服を中心とした各フロアをのぞいてもターゲットや商品単価が明白です。これだけはっきりした店舗運営を考えれば問題がないように思います。

---

(10) 大都市の駅ビル、専門ショップなどの機能も百貨店で一部カバー。

けれども、つねに批判されてきているのが「若者がいないではないか」ということです。以前から指摘してきましたが、これはあまりに帰属処理的な見方ではないでしょうか。大都市、たとえば東京で私が友人と買い物をする場合などは、やはり専門ショップを利用することが多いです。一般に百貨店というのは高級というイメージがあり、友人と出かける機会は少なかったです。しかし、母親と出かけるといった場合は、母親の買い物に付き合って、たとえば渋谷の東急百貨店や日本橋の高島屋、新宿の伊勢丹をよく利用します。

こういった事実から、昨年の第三回シンポジウムで報告された「百貨店は親と子のコミュニケーション」の場という視点が思い出されます。まさにそんな空間として機能的に考えてみるべきです。こうしたプラスαの要素を考えれば、家族や友人などのネットワークが消費行動に反映されるのです。今後は、百貨店の存在価値とも絡めながらターゲットの分化する背景を追うべきでしょう。消費対象とは何か、どこに定められているのか、それを正確によみとりたいと思います。

〈百貨店のファッション性〉

つぎに、百貨店のファッション性についてです。清水屋1Fにあります通称デパイチでは、老舗料亭の惣菜、レストランの食品・お惣菜が並び、ベーカリー、地元産の鮮魚店、同じく地元のフルーツや野菜をメインに扱うガールズ農園コーナーなど、食材の安定感は百貨店ならではのものだと感じました。限られたフロアで、多様な食品を扱うことはやはり難しいと思いますが、カウンターのある寿司店など、人が集まるには十分な空間でありました。

また2Fフロアでは、主要ブランドショップ、たとえば「23区」や「組曲」(11)など多彩なお店が揃っており、価格も高級志向、百貨店という趣が感じられました。百貨店とは目的をも

(11) シンボル的な百貨店ブランド。

って消費する空間と考えながらも、価格設定は高いのは通常のことです。地方都市の所得や購買動機を考えれば、大都市とは異なる構図がはっきりとしています。それでも文化的価値や文化的充実度というのは、催し物やあつかう商品レベルをみれば明らかです。こうした生活を満足させてくれる環境というのは、衣食住すべてが満足する文化的次元の高いもの、中心市街地という街での百貨店のファッション性は、そこに集うという動機に反映されているのです。研究では、そうした来客層がそこを目的とする人びとや、生活環境の満足度と関係することもふまえた取り組みの必要も浮上してきました。

〈おしゃれ「ガールズ農園」〉

最後に、おしゃれ戦略ガールズに注目します。ファッション性をみる一つとして、1Fにあります野菜フルーツコーナー、通称、「ガールズ農園」に注目してみたいです。商品知識が豊富で若くておしゃれな店員さんがいるため、四年前からこのネーミングで呼んでおります(12)。地元産の野菜と果物が大量に箱ごと販売されており、手頃な価格で買い物ができるのです。いま、私たちの目の前にありますマルゲリット・マリアも、ガールズ農園で購入したものです。珍しい名前であり、おしゃれな感じがとてもしました。他にも、さまざまな地元産の野菜や果物を目にしました。こうしたスタイルにも食をとおしたファッション性をみることができると感じました。こういったエリアをもう少し百貨店のおしゃれ戦略に組み込んでみてもいいのではないでしょうか。

以上で報告1を終了させていただきます。ありがとうございました。

---

(12) 仲川秀樹、二〇一二年、前掲書、一六七ページ。

3　ファッション・ブランドとおしゃれ発信―世代間ブランド意識とファッション感覚―

司会　ありがとうございました。つぎに、報告２「ファッション・ブランドとおしゃれ発信―世代間ブランド意識とファッション感覚―」について、お願いします。

報告２　報告内容といたしましては、ファッション・ブランドとおしゃれ発信―世代間ブランド意識とファッション感覚―をテーマにしております。よろしくお願いします。(13)

まず、酒田の若者のおしゃれ意識についてです。ここでは中町のマリーン５清水屋を対象として報告させていただきます。二〇〇九年から私たちのゼミでは、酒田市内の若者、中高生を対象に調査を実施してまいりました。酒田の若者文化を、おしゃれ意識からみる調査でした。

調査のポイントは二つありました。

〈女子高生にみる女性誌と消費行動〉

まず一つ目は、「酒田の女子高生の読む雑誌」はどのようなものかです。酒田市内女子高生の読む雑誌としては、『Ｓｅｖｅｎｔｅｅｎ』と『Ｐｏｐｔｅｅｎ』が圧倒的に多いという結果になりました。この結果は、総合的にみて首都圏の女子高生と差はありませんでした。あえていうならば、首都圏の女子高生に比べて。数か月のタイムラグがあったのではないかという結果でした。(14)

二つ目は、「中町のどこで買い物をしたいのか」、「中町にどのようなお店が欲しいのか」です。女子高生のほとんどが、中町にファッション関係のお店が欲しい、または「渋谷１０

(13)　担当は社会学科三年、太田理絵。

(14)　首都圏の女子高生は、早くて中学三年生から高校一年生。

9」で販売されているような商品の揃うブランドショップがあればいいなと思っていました。ある程度予想されていた結果ではありましたが、酒田の女子高生のおしゃれ意識も首都圏と変わりないことがわかりました。

〈地方百貨店の誤解〉

つぎに、百貨店に関する地元の誤解についてです。最初に確認しておきたいのですが、中町にファッションのお店が欲しいという結果が出ておりまして、清水屋内にヤングカジュアルの店舗がたくさんあります。しかし、実際、清水屋ではそうした商品を買うという意識が彼女たちにはほとんどないということがあります。この点だけをみると、若い人は百貨店には来ない、出かけるのは郊外型店舗、ショッピングセンターであるという動向はほぼ間違いないと思われます。単純に清水屋だけをみますと、清水屋のターゲット層は三〇代後半以上の女性です。客層は四〇代がもっとも多く、つぎに三〇代、二〇代、一〇代となっていることは、とくに問題視することではないと考えています。

〈ファッションフロア〉

実際に、清水屋2Fのヤングカジュアルフロアをみると、一〇代をターゲットとしたブランドがたくさん入っています。例を挙げますと、「PAGEBOY」「COCO DEAL」「earth music & ecology」「Ehyphen world gallery」「snidel、blondy」などです。(15)

つぎに、地元に大学生はどのくらいいるのでしょうか。高校を卒業すると県外に出ていく若者が多いと聞いております。であれば、中高校生をターゲットにしたブランドをもう少し明確にして、地元の高校生に認知してもらえるような試みも大事なのではないかと思いまし

(15) 有名なブランド商品をあつかいながら、認知の低さが課題。

た。その理由としましては、報告1にもありましたように、百貨店には大学生より中高生が親子で買い物に出かけることも多いです。予備調査では2Fのフロアにいる親子の買い物客もよく目につきました。中高生も清水屋に入店する条件はかなりあると考えています。前回のシンポジウムの報告でも109に憧れている高校生はかなり多く、109に入店しているブランドや『Seventeen』などに載っているブランドは人気が高いと分かりました。たとえば、「LIZ LISA」や「CECIL McBEE」などがあります。

ここまでみると、ヤングカジュアルフロア充実のためにも、一部ブランドの追加の検討と、地方百貨店清水屋スタイルにあわせた専門ショップ的な要素の導入の検討も視野に入れてはよいのではないでしょうか。週末や休日など親子の間での買い物光景とは別に、ヤングミセスやレディスファッションも充実しています。清水屋を利用する人たちのどこまでが商品ラインアップを理解しているのか、地元市民の認識は清水屋には商品がないような誤解もあるように思いました。商品ラインアップを理解してもらえるような、ファッション・ブランド一覧のようなチラシ資料があってもいいのではないかと感じました(16)。

今度は、世代間ファッション意識の共有についてです。どうしても百貨店というのは高級なイメージがあります。お客さんの年齢層も高く、若い人が気軽にファッションをみるには少し気がひけるのではないでしょうか。しかし、親と子による買い物では、若い人も百貨店に足を運ぶ機会もあると思います。親に衣服などを買ってもらうことは親子または家族で百貨店に出かける大きなきっかけであり重要なことではないでしょうか。

前回のシンポジウム同様、親と子のコミュニケーションの場としての百貨店の意義をより考えるべきであると感じました。親子で来店するお客さんが増えれば、清水屋のターゲット

---

(16) 「ヤング向け」「女子高校生向け」「大人デビュー」とかのコピーも必要。

層である三〇代以上と若い人との両立がなされます。親世代のおしゃれ感覚を子世代へと継承し、相互の交流した消費も可能であると考えています。大都市百貨店との異なる部分を強調し、地方百貨店独自の試みを強く認知させることが不可欠であるとも考えました。広報活動を積極的に進め、若い人に入っているブランドを知ってもらうことが重要ではないでしょうか(17)。

〈ファッション広報戦略〉

続いてファッション広報戦略についてです。若者中心の報告になってしまいますが、若い人はイメージを優先する傾向があると考えています。2Fヤングカジュアルフロアの内装は、すべてのブランドをたとえば「TRU TRUSSARDI STILE」や「Intellie」のように変えるのも一つの案かと考えています。率直に申し上げますと、「snidel」や「blondy」というブランドが入っていると知っていても、最初に清水屋へ足を運んだ時、本当にそれらのブランドなのかが分からなかったというのが印象に残っています。東京にある店舗と、清水屋内の店舗の内装が大きく異なっていたからです。この経験により、店舗の雰囲気はかなり大事なことであると強く痛感しました。

また、これまでの予備調査で何度も指摘されましたように、店内蛍光灯もあまりよくないのではと思っています。商品が安っぽくみえてしまうのではないかというのが理由です。せっかくよいブランドが入っているのに、マイナスになってしまうのではないかと感じました。もう少し、暖色系のあたたかな照明に変えれば、少しは違ってくるのではないでしょうか。同じ白い光でも、別の照明を使用した方が店内全体のイメージはよくなると思いました。やはりファッションはトータルコーディネイトと思いますので、環境面を見直し、可能な限り、

(17) 一度「ヤングカジュアル」オンリーのチラシ・広報戦略を打ち出してみる。

おしゃれでスタイリッシュな、少し高級感のあるといった雰囲気を出すと、若い人も入りやすいのではと思いました。百貨店には、対象とする客層や戦略が存在しています。清水屋の場合、四〇代女性をターゲットに店舗運営がなされています。しかし、それは若者が入りにくいということではないと考えます。2Fヤングカジュアルの充実をみれば、あらたなショップの展開や、大型書店のルート性により、若者単独消費と、親と子、世代間の交流消費という機能別の運営も可能であると感じました。

〈おしゃれ感覚〉

最後は、メディア文化の街のおしゃれ感覚についてです。プレ報告でもなされた酒田の街のおしゃれ意識は、メディア文化の街独自のスタイルと考えられます。「中町ファッション」と呼ばれた、ファッション・ストリート中町の伝統は、そこに根差した人びとのおしゃれ感覚にも反映されていると考えています。ブランド別ファッションの提供に、装飾品や、おしゃれ空間としてのカフェやレストランの存在も、ファッションはトータルコーディネイトであることの証明でもあります。伝統は廃れることはないと思います。文化的な生活パターンや行動パターンを追うことで、ファッションとファッション・ストリートの連続性をこのエリアから浮かび上がらせることができるのではないかと考えています。メディア文化の街とおしゃれ感覚との関係については、つぎの報告3に引き継ぎたいと思います。

以上で報告2を終わらせていただきます。ありがとうございました。

4　百貨店というステージとファッション空間―カフェ・レストランからステージへ―

司会　ありがとうございました。つぎに、報告3「百貨店というステージとファッション空間―カフェ・レストランからステージへ―」について、お願いします。

報告3　百貨店というステージとファッション空間―カフェ・レストランからステージへ―というテーマで報告させていただきます。よろしくお願いします(18)。

〈ファッションを考える〉

まず、ファッションとは何かについて説明させていただきます。ファッションとは、ただ気に入っている衣服を身に付けることだけではありません。ファッションとは、衣服や装飾品を含むその環境を満喫すること、そのトータルコーディネイトのことです。その環境としては、百貨店、カフェ、レストランなどがあげられます。一例として、2Fの「ＰＯＥｍ」は、内装の雰囲気がとても素敵なカフェです。お客さんのほとんどは女性で、個人で食事やお茶を楽しむ方もいれば、グループでおしゃべりを楽しむといったように、それぞれに異なった楽しみ方をしているお客さんが見受けられました。5Fのレストラン「ロアジス」は、酒田の伝統的フレンチをベースにした高級感のあるコース料理を楽しめるお店です。それらに共通するのは、そこに集まるお客さんのおしゃれ感覚です。思い思いに着飾り、その空間を楽しんでいます。ファッションとはそうしたトータルコーディネイトであることをあらためて考えさせられました。百貨店という環境は、ファッション空間をもつステージであるといった前提から、清水屋を考えていきたいと思います。

(18)　担当は社会学科三年、八木柚香。

〈フードストリート〉

つぎに、フードストリートについて述べさせていただきます。清水屋には「ＰＯＥｍ」や「ロアジス」のような大人向けのおしゃれなお店もありますが、女子中高生向けのフロアもあります。たとえば、５Ｆにはプリクラ機やＵＦＯキャッチャーがあり、その横には「アリスカフェ」といったドリンクやケーキ等を楽しめる空間があります。ここはフードコーナーに近い雰囲気と価格設定のため、女子中高生や若者にとって気軽にコミュニケーションを取ることができる場所になっています。また４Ｆの「シエロ」も若者に合ったお店で、とくに焼カレーと豚チャーハンは美味しいと評判です。また、カジュアル的なフロアとして、１Ｆの「モン・リブラン」という清水屋メイドのベーカリーがあります。その魅力は、日時限定で定期的に焼かれる特製パンと、焼きたてパンをその場で食べられるテーブルスペースです。このように、百貨店におけるフードストリートという見方にも注目すると、おしゃれな楽しみ方ができる選択肢に百貨店のファッション性をみることができると考えております。

〈ファッション・ストリートの広報活動〉

ファッション・ストリートの認知活動について述べさせていただきます。これまで述べさせていただきましたように、清水屋には多様なフードストリートがあります。このようなフードストリートを外部に発信し広報活動をおこなっていくことは、これからの重要な課題になると思います。報告２にも述べられていましたように、若者にも惹かれるヤングファッション、ヤングカジュアルのお店をまとめたファッション・ブランド一覧、また多くの魅力的なカフェやレストランをまとめたレストラン・フードエリア一覧などを、地図やイラストつきでフロアガイドとして分かりやすく外部に発信していく必要があると思います。はじめてここに足をふみ入れた人たちを、今後もリピーターとして獲得するには、案内という呼び込みメディアは非常に重要であるとされます。また、主要なブランド商品は雑誌などで知れ渡っており、食については、酒田の歴史によって嗜好が満足されているような商品ラインアップであれば、お客さんは理解してくれるでしょう。

〈コンパクトシティと百貨店〉

今度はコンパクトシティの本質と百貨店について述べさせていただきます。百貨店は大人だけというイメージが強くもたれていると思います。しかし、地方百貨店の場合、実際はフードエリアがうまく分化されており、その時の気分に合わせた選択が可能です。このようなトータルコーディネイトのファッション的意味を充足することが一つのエリアで可能な点が、コンパクトシティの重要性を検証する条件になります。

エンタテインメントの発信は、本シンポジウムで何度も指摘されてきましたように、娯楽的環境の百貨店が存在し、はじめて完結します。中心市街地再生のキーとなる百貨店は、コンパクトシティ中町のシンボリックな役割を果たさなければなりません。安心安全の中町エリア、中町モールを中心に、徒歩で生活ができ、社会生活を可能にする環境が整う街。そこにメディア文化を発信する百貨店を従えての中心市街地中町商店街。この中町商店街はコンパクトシティの機能をもつ街であるという事実は重要です(19)。

最後に、コンパクトシティ中町の開放的空間と営業時間について述べさせていただきます。社会人・OL、中高生を対象とした空間の開放性を決定づける営業時間は、重要な問題です。酒田の市民は「とりあえず空間」として休日、週末はショッピングセンターを利用する方が多いです。しかし、平日の時間帯、仕事帰りの大人、部活動帰りの高校生などの若者へ提供

(19) 既存のコンパクトシティ論とは異なるのは、エンタテインメント空間の完備。

する空間として、営業時間の延長は非常に重要な課題であると感じました。以上で報告3を終了させていただきます。ありがとうございました。

第2節　リプライ・フロア

1　報告者による討論者への回答

司会　ありがとうございました。以上をもちまして、プレ報告と報告1から報告3を終了いたします。それでは討論の方へ移りたいと思います。お願いいたします。

討論1　ただいま報告がありましたように、地元の方ではない学生がこのような研究をされ、立派な発表をされることは素晴らしいことだと思います。ここで座って聴いていても、ムズムズすることがたくさんありました。私は、私なりに商店街の中にある店として、商店街としてのものの考え方ということで皆さんにお話を聴いていただきたいと思います[20]。

〈アイドルと商店街の分析〉

私もまちづくりに関しては、街の中で勉強会をしている一人であります。この研究グループでも地方都市の発達と発展について勉強していますが、本日の発表は素晴らしい中身ではないかと思います。これは、学生たちが何年とかかわってきた結果だと思います。そのなかで私の印象に残っているのは、「アイドルと商店街の分析」でした[21]。これは非常に夢のある

(20)　担当は「モアレ」代表、菅野信一。

(21)　「ＳＨＩＰ」を対象とした二〇〇三年～二〇〇四年のフィールドワーク。

楽しいものでありました。これが今どのような形になっているかというのは難しいのですが、結果として地方アイドルが全国的にも注目を集めていることは事実であります。ですから、この地方アイドルというものが酒田市から生まれたのかなあ、というような感じがしております。

〈メディア文化と商店街の関係〉

メディア文化と商店街との関係のあり方はどうかということは、まさに時代の流れで必要なことだと思います。メディア文化、ファッションと商店街、それから消費行動、これらの関係がどのように結びつけられていくのか考えるということが、商店街として必要なことかなと思っております。私ども商店街としては、このチャンスをどのようにして活かしていけばよいのか、皆さんの研究成果をどのように取り入れていくのか、このような問題を提示してくれた皆さんに感謝申し上げます。私たちはなかなか行動に出ることができず、今日まできているというのも事実であります。広くみる目を養っていないということも私たちの責任であります。街が衰退していくという責任は、商店街にあるのではないかと思っております。

〈地方経済の現実〉

いま、時の流れが非常に速くて、経済の方向がなかなか定まりません。地方から都市への人口の流出、それから最低賃金の格差でも分かるように、地方経済は非常に厳しい状態にあります。ここで、先ほどの発表にもありました、コンパクトシティ構想が言われてきました。これまでの都市計画の総合的計画というのは、私は失敗だったと思っております。これは、やはり分散型に走りすぎたと。人口が五〇万や一〇〇万の都市であれば分散型があってもよいかと思いますが、人口が一〇万程度の都市で分散型の都市計画というのは、私は失敗だったのではないかと思っております[22]。

〈コンパクトシティ構想と百貨店〉

私は、このコンパクトシティ構想に対して、循環型コンパクトシティというのを考えております。生活環境を第一としたまちづくりが求められるのではないかと考えております。本日、地方におけるデパートについて研究発表がありました。私と皆さんの間では少し年の差があるので、私の考え方は一つの型にはまっていて、そこからなかなか抜けきれないところがありますけれども、私は、デパートは物販を含め、安全で安心、最高のサービス提供者である、というように考えております。街の核となるデパートと商店街は共存共栄し、経済活動を実施していくことが、街として大事なことであると考えております[23]。

〈四つの質問〉

そのなかで、皆さんにお聴きしたいことがあります。最初に、メディア文化と地方の伝統文化が融合された商店街、これは楽しさとゆとりのあるまちづくりではないかと思いますが、このへんに対して皆さんはどうお考えなのかお聞かせいただきたいと思います。

二番目は、いま消費者が求めているものは何か、ということです。私は最高のサービスを求めているのではないかと思っておりますが、これはどうお考えなのでしょうか。

三番目です。商店街はデパートと共存共栄の形をつくり、街を構成するべきであると考えておりますが、これをどのようにしていけばよいのか、これは私のテーマでありますけれども、皆さまのご意見を聞きたいというところであります。

四番目です。商店街は消費者の皆さまが生活していく環境づくりを提供する場所であると考えますが、いかがでしょうか。

---

(22) 一九七六年、酒田大火後の中心市街地都市計画。

(23) 百貨店と商店街の共同イベント企画の積極的推進。

この四つのことについて皆さんの考えをお聞きしたいと思います。

司会　ありがとうございました。質問が四つございましたが、まず一つ目をお答えいただいてよろしいでしょうか。

〈メディア文化と地方百貨店の融合〉

報告3　ご質問ありがとうございます。それでは、一つ目の質問、メディア文化と地方百貨店の融合について答えさせていただきます。私の考えですと、百貨店はメディア文化を発信する場所であると考えています。最近ですと、ここ清水屋百貨店内で物産展「全国うまいものまつり」が開催されておりました。ここに出店されていた商品の一つに「マダムシンコ」がありましたが、東京ですとやはり人気でなかなか手に入れることができません(24)。ここ地方百貨店で手を伸ばすことができる点が、メディア文化と地方百貨店の融合の利点であると考えております。

討論1　ありがとうございます。地方の伝統文化と商店街という形での娯楽といいますか、物販が優先する経済活動のなかから、私はもう一つ楽しさとゆとりのある場所がこれから必要になっていくのではないかと思うのですが、そのあたりはどうでしょうか。

報告3　ありがとうございます。それではお答えさせていただきます。楽しさとゆとりが必要という点に関しましては、たとえば「全国うまいものまつり」の例で説明させていただきますと、百貨店でおこなわれている催し、という形になります。このような催しには、人びとが非日常な楽しさを求めて集まってくるのではないかと思っております。そういった楽しさやゆとりを提供するために、これからもさまざまな催しを開いていくことが活性化につながっていくのではないかなと考えております。いかがでしょうか。

---

(24) メディアでも有名な商品で予約購入は約一か月待ち。清水屋で入手可能。

司会　最初の質問については、こちらの回答でよろしいでしょうか。

討論1　はい。ありがとうございます。

司会　二番目の質問につきまして、お願いできますでしょうか。

〈消費者が求めているもの〉

報告2　ご質問ありがとうございます。いま消費者が求めているものは何か、という点につきましては、私もやはり最高のサービスではないかと思っております。商店街の、コンパクトシティ中町で日々の生活の機能がそこですべて安心・安全に補えることが、一番重要なものだと思っております。あとは、商店街と百貨店の共存という点で、商店街と百貨店どちらにも関連したイベントなどがあれば活性化につながるのではないかと考えています。そのような共同のイベント、サービスを考えていけばよいかと思いますが、このような回答でよろしいでしょうか。

討論2　はい。ありがとうございます。共同企画という問題は、街全体で清水屋さんと話を進めていきたいと思っております。いま、時間が非常にないということで、実際焦ってはいるのですが、なかなか難しい問題がございます。しかし、これはやっていかなければいけないと思っております。ありがとうございました。

司会　続いて、三番目の質問につきまして、お願いできますでしょうか。

〈百貨店と商店街の合同イベント〉

プレ報告　はい。デパートと商店街が共存共栄していくためにはどのようにするべきか、ということについてですが、何か行事が必要だと思います。たとえば、いま清水屋で「全国うまいものまつり」を開催していますが、多くの人が集まってきているように感じます。一方、先ほどみかけたのですが、商店街の方では車を展示する行事をやっています。ここにも人がたくさん集まっていたように感じます。やはり、行事をやるということは、人を集める上において重要なことになってくると思います。この点でデパートと商店街が共存共栄していくためには、百貨店と商店街で合同の行事をおこなってはどうかと思います。(25) それが難しければ、清水屋さんは広いエントランスをもっているので、商店街の行事をエントランスでおこなうような取り組みをしてみてはどうかと思っております。

討論1　はい。ありがとうございます。ここは難しいテーマ、問題だなと思いますけれども、トータル的に考えていかなければならない問題であると思っております。私も高齢になって頭の中が固まってくるものですから、たくさんの意見を吸収するというのが難しいのですが、確かに、共同事業はこれから時間をかけてやっていかなければならないと思っております。やはり、商店街の核としてのデパート、デパートを核とした商店街は、非常によいなと思っております。当地でも、この恵まれた環境にあるなかで、これからどのように模索していくかというところです。その点でも、今日のシンポジウムは非常に参考になっております。ありがとうございます。

司会　続きまして四番目の質問についてですが、質問の内容をもう一度確認させていただいてよろしいでしょうか。

討論1　これは少し難しいですが、商店街は消費者の皆さんが生活していく環境づくりをする場所であると考えておりますが、いかがでしょうかという質問です。

〈中町モールにみるセーフティゾーン〉

司会　ありがとうございます。こちらにつきましては、私の方で答えさせていただこうと思い

---

(25) 清水屋をメインに周辺商店街とのコラボ企画の立ち上げ。

ます。商店街というのは、消費者の方が生活していく環境を提供する場とおっしゃいましたが、私も同様に思っております。中町モールという、車が通らない安心で安全な場所があるのですが、これがあることによって中町商店街のあたりの皆さまは安心で安全な生活ができると、私たちの予備調査や本調査などを通して思ってきました。(26) ですので、先ほどの報告でありましたように、シャッター街現象などが残っていたりしますけれども、ショッピングセンターと比較や競合などをしている訳ではなく、こちらの周辺に住んでいる方々が車などを使わずに安心で安全な生活をするための空間づくりというものをメインでおこなっていますので、その考えに私も賛成です。

討論1　はい、ありがとうございます。まちづくりの条件としてたくさんのご意見を拝聴させていただきましてありがとうございます。これから、皆さまの意見を参考にさせていただきながら、まちづくりの仕事をさせていただきたく思います。ありがとうございました。

司会　ありがとうございました。続きまして、討論2の方でご意見などをお願いしたいのですが、よろしいでしょうか。

〈百貨店とメディア〉

討論2　私も百貨店とメディアについていろいろとお聴きしたいと思います。(27)

たとえば、大都市と地方の百貨店では、ハード面が一番大きく異なります。人口や、周りの環境も大きく異なっています。私が一番感じていることは、販売に携わる百貨店の人間、商店街の方々もそうだと思うのですが、ソフトの面です。名物のカリスマの販売員がいるお店があると当然行列が並ぶようなことは、皆さんご存じのとおりだと思います。この、人に関してスポットを当てて、地方でもこういった人がいれば、と思います。

---

(26) 中町モールは子どもや高齢者対策にも優しいセーフティゾーンでありこの維持は重要。

(27) 担当はマリーン5清水屋GM、佐々木健。

この清水屋の中にも、テナントさんを含めると百数十人もの働いている人がいます。皆さんが一年に一回来ていただけるかどうかという状況のなかで、ずっと調べていくのは難しいかなと思うのですが、そういったソフト面についてもご意見があれば、私もいろいろと参考にできるのではないかというのが、私の感じたところでございます。

小売りをするにあたっては、商品、販売員、それと資金力の三つがともなってはじめて営まれるようになるのですが、先ほどの討論1のお話がありましたサービス、その中に安全・安心もありましたけれども、そのためには人というものが切っても切り離せないと思います。そのへんを今後、第五回、第六回シンポジウムというようにつないでいっていただきたいと思います。ソフト面についてはは社会学とはなかなか結びつかないかもしれませんが、そういったところにもメスを入れていただき、皆さんの参考になる、地方でもできるのではないかという提言があると非常に有り難いかな、と思います。

〈百貨店周辺の環境整備〉

それと、地方ではよく言われるシャッター通りは皆さんもご存じのとおりだと思います。突飛な意見かもしれませんけれども、いま清水屋の前には、以前はパチンコ店があった、広い面積が遊んでいますが、ここを更地にしたらどうかと思います。今までの地方の商店街だと、当然そこに商店があってしかるべきなのですが、安全・安心という意味で、そこに更地が、全く何もなく、一般的な公園とは違ったような、たとえば広い芝生があったならばどうか。広い面積の芝生があって、小さい子どもからご年配の方がゆっくり遊べるような、ちょっといくと官庁街がある訳ですが、そこから昼休憩に来られるような、酒田でいえば日和山公園の芝生のようなものがこの商店街にあっても面白いかなと。このような発想が皆さんの方からあっても、私としては嬉しいと思います。

今回のテーマではないかもしれませんが、こういった切り口で後輩の方々にも進言していただき、清水屋や商店街に提言いただけると嬉しいと思います。私からは以上です。どうもありがとうございました。

司会　ありがとうございました。先ほど、百貨店は、商品、人、資金がすべて満たされての百貨店というふうにおっしゃいました。私たちは、今回のテーマとしては、「コンパクトシティと百貨店のファッション性」でやっております。それで、百貨店の中の空間についても、このテーマに関しての調査をメインにやってきておりましたが、私たちが予備調査や本調査をしていく過程で、「人」という面も浮上してきております。人というサービスなどの面も調査を続けてまいりたいと思います。また、公園などの提案などもなされていたと思うのですが、第五回、第六回と後輩たちに続けていく過程で、百貨店のなかだけではなく、その周りなどもよりよく観察して、あらたな提案ができるように調査を続けてまいりたいと思います。

討論2　ありがとうございます。

2　学生とフロアのインタラクション

司会　つぎに、リプライ・フロアに移りたいと思います。今回のシンポジウムの討論や報告に対してご質問がある方いらっしゃいますでしょうか。

〈イベント参加者の声を聴く〉

フロア1　酒田フィルハーモニーに所属しているものです。街かどコンサートという形で、この清水屋さんの1Fのフロアを借りて何度かコンサートをさせていただいております(28)。中町の交流広場という場所もお借りりいたしました。アマチュアなのですが、弦楽器のアンサンブル、管楽器のアンサンブルを屋内外で、音楽活動をさせていただいているという実績があります。先ほど、トータルコーディネイトという言葉の中に、そういったところの感覚というか表現がありましたので、参加する地元の人びととの結びつきについての調査を、今後やってみるのも一つの提案かなと思いました。

司会　大変貴重なご意見をいただきまして、まことにありがとうございます。街かどコンサートは、地域を活性化させるためにとてもよい行事だと思いました。先ほどの討論の方でもご意見が出ておりましたが、百貨店だけではなく、その周りも含めたイベントについても新しい調査課題として考えて、後輩たちに引き継いでいきたいと思います。

フロア1　はい。ありがとうございます。

司会　他にご質問やご意見がある方はお願いします。

〈酒田の中心市街地の衰退〉

フロア2　よろしくお願いします。私は、観光客の一人です。大学の時に社会学部にいたもので興味があって、急遽参加してみました。中心市街地の衰退とそれに対応するコンパクトシティの再建とか建設というところの話で疑問に思ったところがあります。確か、中心市街地が全国的に衰退して、郊外にあるショッピングモール的な店舗が興隆したきっかけは、二〇〇〇年あたりに制定された大規模小売店舗立地法であったと思います(29)。自分の印象からも二

---

(28)　シンポジウム参加者。

(29)　一九七三年一〇月一日に制定された「大規模小売店舗法」の後を受け、一九九八年六月三日に、まちづくり三法の一部として立法化。

〇〇〇年前後から変わっていて、郊外にイオンモールに代表されるショッピングモールができて、人の流れが変わってしまったという話があると思うのですが、酒田の場合はどうなのでしょうか。酒田でいえば、昔駅前にジャスコとダイエーがあったと思うのですが、それがなくなってしまいました。人びとの流れが郊外にいってしまって中心市街地が衰退してしまったのか、それとも少子高齢化等で人の数が少なくなってしまって中心市街地が衰退してきたのか疑問だったので、そのあたりをお調べであったらお聞かせいただきたいと思ったのですが。

〈まちづくり計画の失敗〉

司会　討論1で、ご意見を頂戴いただけるということですので、よろしくお願いいたします。

討論1　いま質問されたように、まさに酒田もドーナツ化現象があります。まちづくり計画というのは、酒田の場合は四つ出たのですよね。四か所です(30)。川向こう、バイパス寄り、駅の裏、そして北側です。これで経済活動がまさに分割されてしまったという状況があると思います。これは、私も先ほど言いましたように、人口が五〇万とか一〇〇万の都市であればそれも可能であったと思うのですが、一〇万程度の都市で四か所もやれば、ここも含めれば五か所になりますよね、単純に計算すれば二万人ずつになってしまいます。二万では、コンビニエンスストア二軒もあれば間に合うのですね。コンビニエンスストアは、だいたい一店舗一万人ですから。ですから、私は、これは間違ったのではないかと思っています。まさにご質問されたことと同じです。

〈都市計画の分散〉

フロア2　ありがとうございます。酒田の人口は一〇万人ちょっとということで、都市計画が

---

(30)　エリア分割、SCや量販店に沿った商業施設。

分散されてしまった結果、中心市街地の衰退につながってしまったという話をお聴きしました。ありがとうございます。

私は神奈川県の横浜市から来ているのですが、近くに海老名市という所があります。そこは人口が一二万なので、酒田市と同じくらいになるかと思います。海老名には小田急線と相鉄線、JR相模線と三線乗り入れている駅があるのですが、その駅のすぐ近くに「ビナウォーク」というショッピングモールがあります(31)。百貨店も、丸井の若者向けになったブランドがあります。駅が近いということと、周辺に病院や市役所や学校がたくさんあるところで、かなり賑わっています。土日に行くと若者が大勢いますし、子ども連れのご家族もたくさんいます。もともと、ビナウォークは再開発するというのでつくったという訳ではなくて、相模川の向かい側の厚木市がメインの街であって、海老名は何もなくて一からつくったという側面があるのですが、海老名のまちづくりみたいなところも参考になるのではないかなと思いました。

司会　ありがとうございます。中心市街地の衰退でショッピングセンターが増えているというご意見などもいただいたのですが、今回私たちが研究しているテーマのコンパクトシティというのは、周りから車で来るお客さまを呼ぶという訳ではなく、車を使わなくても一つのエリアで生活が満足できるような空間、という考えで私たちは調査をしてまいりました。先ほど海老名市のお話が出ていましたが、地域性によってどのような対応をしたらよいかというのも変わってきます。こちらの方は参考とさせていただき、私たちの研究に役立てていきたいと思います。

フロア2　ありがとうございました。

(31)「ビナウォーク(ViNA-WALK)」、神奈川県海老名市に二〇〇二年四月一九日開業、小田急電鉄直営の複合商業施設。

司会　ありがとうございます。そろそろお時間となりますので、こちらの質問の方を締め切らせていただきます。どうしてもご質問、ご意見を追加したいという方がいらっしゃいましたら、最後にもう一人だけお願いできますでしょうか。

フロア3　では、一つよろしいでしょうか。

司会　お願いします。

〈街中に回帰する方法とは〉

フロア3　中心市街地まちづくり推進センターという、酒田市のまちづくりを担当しております(32)。いま、私も中心市街地の活性化というものを仕事でやっておりますが、とくにコンパクトシティでおっしゃられた部分でいうと、一つのブロックのなかで生活できる空間、そのなかで一番の課題としているのは、出て行った人びとをここに戻す方法です。とくに「人が住む」ということです。生活というのは、人が住まなければ発生しません。先ほど討論1のお話がありましたけれども、ドーナツ化現象の結果、みんな郊外に出て行ってしまいました。もう一度生活の空間をつくるために、ここに人を住まわせることというのが一つの究極の目標であると思っております。皆さんの若い目線でみて、街中に住むということをしたいと自分が思うか、何があったらここに住んでみたいと思うのかを、学生の目線でご意見いただければと思います。

司会　ご質問ありがとうございます。こちらの方に関しましては、複数の意見を出してみたいと思いますので、報告者の方々から意見をよろしいでしょうか。

〈メディア環境の充足〉

報告3　ご質問ありがとうございます。地方都市に住んでいる方で、何があれば出て行った方

---

(32)　酒田市まちづくり推進センター長。

をここに戻すことができるのかといった質問ですが、やはり若者などは東京にしかないものがあるから東京で生活を送りたいと考えていると思います。私は今回のシンポジウムではじめて酒田を訪れましたが、安心で安全で徒歩圏内で過ごせる中町商店街も、東京にはない魅力がたくさんあると思っております。この魅力にプラスして、報告でも述べさせていただきましたが、東京で人気のあるお店などを増やしていけば、東京だけではなくここでも手に入れられるという点があれば、都内に行った人びとをここに戻すことができるのではないかと考えております。私たちはそれをメディア環境の充足と呼んでおります。(33)

フロア3　自分だったら、何があったら住んでみたいと思いますか？

司会　では私の方で答えさせていただきます。確かに、東京のような点があれば一時期は住むかもしれませんが、ずっと長く住むというためには、やはり環境がすごく大事であると思っております。地方の再発見というものを、私たちは予備調査をしてきて、空気が澄んでいるなど、酒田市の環境にもすごく魅力を感じております。ですので、そういう点をもっと認知していただくということが、酒田を離れた人ほど、それを理解してくれるのでは。それが、その人たちを呼び戻す一つのきっかけにつながるのではないでしょか。

フロア3　ありがとうございます。

司会　ありがとうございました。それではお時間がまいりましたので、ここで一区切りつかせていただきます。

私たちは、先輩の代から学生の立場でこちらにてシンポジウムをさせていただいて大変光栄に思っております。私たちは学生でありますし、まだまだ素人の域を出るものではございません。それでも少しでも今日のシンポジウムが参考となれば嬉しい限りです。フロアの皆

---

(33) メディアで紹介されるお店やエリアにあこがれる人びとの願望を充たす施設。

さま方から大変貴重なご意見をありがとうございました。すぐに結果が出るものではありませんが、今回のシンポジウムの成果は、後日、報告させていただきます。それでは本シンポジウム総括に入ります。

第3節　コンパクトシティという視点

1　フィールドワークから得たコンパクトシティ

本日は連休のお忙しいなか、天気のよいなか、第四回中町シンポジウムにご出席いただき、大変ありがとうございました。ご出席の皆さまには、普段から学生にいろいろな意味でアドバイスをいただいたりサポートを賜わったり、心から感謝申し上げます。

二〇〇三年から調査を開始し、もう一〇年くらいになります。最初の目的は、中心市街地の活性化、とくにに商店街一本ですね、商店街の問題について取り組んだのがはじまりです。そして、結論からいうと、商店街は厳しい、難しいと。いまもシンポジウムの準備をしながらも、あるいは予備調査の過程でも、地元の方々に言われています。もうこの研究をやめた方がよいのではないのかと。そのように言われて、今回もそうです。

そういいながら結果的に、九年目に中心市街地をどう考えるかという帰結が、「コンパクトシティと」いう概念でした(34)。先ほどの討論1において、循環型のコンパクトシティという

(34)　中心市街地中町の切り札的概念として規定。

言葉を使われましたけれども、コンパクトシティという概念は、どちらかというと行政や建築の方から来た言葉で、あまり商店街の言葉では使われていませんでした。私たちは、むしろコンパクトな環境で日常生活をおくるスタイルこそ、今後ますます必要になってくるのではないかということです。ここ中町商店街には、「中町モール」(35)という安全・安心なエリアがあります。「マリーン5清水屋」、スーパー「ト一屋」、そして中心市街地周辺に向かう時、このモールを起点にする機会が多く発生しています。中町は若者が少ないといわれながら、ご年配の方々にはとても安全で安心なエリアです。中町モールで少し休んだり、立ち話をしたり、セーフティゾーンだからこそその空間が成立しているのですね。

コンパクトシティという考え方は、全国どこでも発信できることなのですが、ただ重要なのは、機能性があって便利ということだけではないのですね。私たちのポイントというのは、そこにメディア環境が存在するということなのです。東京に出て、学生たちがなぜ東京の大学に来るのかと、なぜ地方に戻らないのかというと、まず就職先がないとか、地方に大学がないからということを言います。もう一つ大事なのはメディア環境なのです。メディア環境というのは、通常テレビで紹介されたコンテンツ、テレビでよく映し出されるような、たとえばタレントさんがいるお店とか、グルメのお店、あるいはちょっとおしゃれなお店など、通常、メディアを通した映像が焼きついているのです。そうすると、東京に行けば、ここは確かテレビに出ていたと、あるいは、ここには誰々が来ていた、そんな環境と遭遇する機会があるわけです。そういう環境を私はメディア環境と呼んでいます。つまりメディア環境が充足されれば、若者はその街に対しての関心が高まるのです。

---

(35) 全国的にも重視すべきセーフティゾーンは中町のもう一つのシンボル。

2　若者に必要なメディア環境の充足

この問題に関しましては、二〇〇九年に酒田市内の高校生八〇〇人に大規模な調査を実施しました[36]。それから、四年間にわたる高校生に対するヒアリング調査、聴き取りと量的調査・質的調査の両方をふまえてです。その結果、中町には、あるいは百貨店には、という結果で出たのはメディア環境だったのです。メディア環境というのは、イコール娯楽性の高いエンタテインメントの空間なのです[37]。娯楽性の高いエンタテインメントの空間というのは、そこにそれを発信する場所がなければいけないのです。とすると、ただのコンパクトシティの概念では、それが成立しないのです。

中町商店街では、そのメディア環境を発信させるマリーン5清水屋という百貨店の存在に、まず注目するべきなのです。そうすると、そこで注目するメディア環境というものは、たとえば今回の物産展もそうですし、つぎの北海道展も京都展もそうですけれども、雑誌とか通販とかテレビで紹介されている、夕方のニュースショーで取り上げられる行列のお店とか、そういう商品が出る場所というのがメディア環境発信の場所なのです。今日は、朝九時三〇分から入らせていただきましたけれども、一〇時くらいに子ども連れの人たちが、特定の商品をまとめて買っていきました。あれをみると、まさにそれに応えてくれる場所というのが、そうしたメディア環境発信の場所なのです[38]。

今回、酒田を訪れた学生たち三人が、首都圏で評判のお店の品をわざわざこの物産展で買っていました。そう考えますと、メディア環境というのは、そうしたトレンドであるスイー

---

(36)調査結果の詳細は、仲川秀樹、二〇一〇年『おしゃれとカワイイの社会学─酒田の街と都市の若者文化─』学文社を参照されたい。

(37)注の(33)に関連して、娯楽的な楽しみを満喫可能な環境としてのエンタテインメント性。

(38)メディア環境を発信する場所こそ清水屋百貨店と位置づけた。

ツのような食も文化の一つになるわけです。文化というのは社会学でいうと衣・食・住を中心とした人間の生活パターン、行動パターンを言います。あるいは人間の生活様式、行動様式をイコール文化、カルチャーと言います。(39) 文化的水準が高いということは、衣と食と住環境が満足している状態なのです。衣というのはファッション、先ほどの発表にありましたように、ファッションというのは着るものではなくて、食べたりする、買い物をしたりする環境を含めてのトータルコーディネイトとしてのファッションです。

さらに、食、それは食べ物、そして地元の食材ですね。それがいかに充実しているか。それから住、ここでいう住というのは、それを満喫させる環境という意味です。そういう意味で、衣・食・住イコール文化の次元が高い場所というのは、そうしたメディア環境を発信する可能性の高い場所なのです。したがって、今回のコンパクトシティ中町という概念で考えるならば、コンパクトシティはどこでも成立するけれども、行政機関や銀行があればよいかもしれません、でもそこにメディア環境を発信する百貨店なり、そういう場所がなければ成立しないのです。その意味からコンパクトシティ中町は、それが成立する場所なのです。

3　コンパクトシティとファッション

昨年に中心市街地と百貨店に関する三年間の研究を公表させていただきました。おかげさまで、宮崎をはじめとした商店街や行政の方々に読んでいただいたりしています。他大学でもコンパクトシティの研究書を参考にしてくださるところもあり、むしろ地元よりも他の地域でみてくれたのでありがたいことだと思いました。それから、ショッピングセンター、と

(39)「文化」(culture)の概念規定。

くに山形県の酒田というのは、ショッピングセンターが大きく二つあります。その二つがせめぎ合って中心市街地を包囲する状況を形成しています。全国でも特異のような状況です。(40)

私が「おしゃれとカワイイ」の研究をやった後、某ＳＣのチラシのデザインに変化が生じました。そして「文化」という言葉を用いた時もＳＣのコピーが変わりました。ＳＣ関連店舗の最近の広報戦略も、文化という言葉を頻繁に使うことになったのです。それは大変喜ばしいことだと思います。(41)さすがに大規模な施設だけありまして、「おしゃれ」に「カワイイ」、そして文化を発信するというのは、地元では大事なことなのです。ですから、ＳＣ、ショッピングセンターはショッピングセンターのスタイルで、そして百貨店は百貨店のスタイルで、それぞれのおしゃれやカワイイスタイルがあっていいと思います。百貨店とＳＣが商売売り上げ客数云々で競争する必要はないと思います。ＳＣの規模や宣伝媒体は半端ではありませんし、目的も方法も環境も違いますし、何より顧客の階層が大きく異なっているからです。お互いにで比べあうことはないと私は考えます。

もう一つこの地域では、酒田と鶴岡の関係がよく取りざたされますが、歴史や地域環境、生活様式・行動様式が大きく異なっています。鶴岡の文化があって、酒田の文化があって、庄内があるので、私は別に両市を比べて論じることにあまり意味がないように思います。(42)文化的次元での環境の相違とはいえ、ユニットの集まりであり、それが庄内地方を構成しているわけですから。

コンパクトシティというのは、そうした地域のエリアで機能している環境そのものです。結果的にコンパクトシティ中町というのは、そうした機能の一つとして、安心・安全のセーフティゾーンの中で、高齢者を含めて楽しんでいくという場所、コンパクトな街のなかでこ

---

(40) 三川ＳＣとバイパス沿いＳＣ。いずれも同一系列店舗。

(41) パステル調のスタンダードな色彩、トラディショナルなデザイン。

(42) 酒田市と鶴岡市の文化的相違こそ、庄内の価値を高めてきた最たるもの。

それを成立させるということは重要なことではないかなというのが、今回の結論になります。(43)

ここで、居場所というかホームタウンという概念をここ中町に適応して考えてみると、「中町に来る人は、必ず清水屋に足を運ぶ」。よく百貨店の方がいうのは、清水屋に来店される方は、ほぼ毎日です。来店されない方は、お正月とお盆くらいです。毎日来る人たちがいるということは、ここが居場所なのですね。学生も含めて、居場所というものは必要です。帰属する街、場所。その居場所というのが年齢を問わず、どこに求めるかです。その答えをコンパクトシティのなかにみつけていきたい、そう考えています。

よくいわれるように、ビジュアル的には、大勢人がいる場所は確かに賑わっているかと思います。ただ、それがビジネス的にどうなのかと、売上げ的にどうなのかと。歩いているとか、そこに人がいるとか、人の集まりだけで判断するのなら、その比較はナンセンスです。ここオリジナルな場所として、居場所としてのコンパクトシティ中町があるのだ、ということが大事なのです。そこから文化的なものを発信するということで、メディア環境の充実ということを目的とすることは非常に重要だと考えてきた訳です。

とくに、食（レストラン・カフェ）と住（娯楽空間）というのは随分充実しました。(44) 問題はファッションの部分です。マリーン5清水屋の店舗について、学生の質問のなかで誤解があったのですが、ヤングカジュアルのお店を広げるというよりも、三〇代、四〇代というターゲットがあって、ただ、現存の2Fのヤングカジュアルのエリアには、結構店舗も入っているのにその存在を地元の若い人たちの認知が少ないということを問題にしました。この部分を少しでも知ってもらえる方法を再考するだけでも、集客は違ってくるのではないかという

---

(43) 酒田中町的コンパクトシティの構築。

(44) 「マリーン5清水屋」グランドオープン以降、課題はファッション部門の構築へ。

提案でした。

4　コンパクトシティからつぎの課題へ

大学というのは、毎年学生が変わってきます。先輩から継続したとしても、やはり酒田のことに関しては素人であるのは間違いありません。本日のシンポジウムの内容について、このような発表も多いと思うのです。そうした点は、指導の問題です。その点はお許しいただきたいと思います。ただ、学生たちも、私の前だけかもしれませんけれども、楽しんで買い物をして、酒田のこのお店で食事をするとか、ランチはここで食べたとか、夜はここに出かけようという形で楽しんでくれているということは、いつも嬉しく思っています。

今後の研究について、いろいろな問題提起をいただきました。ソフト面も含めて、地域との関連も含めて、中心市街地の問題、中心市街地の百貨店の問題、メディア環境の発信というのははじまったばかりです。清水屋がグランドオープンしたなかで、課題の解決が社会学でいかに対応可能なのかを目標に、研究は続けていきたいと思います。

毎年毎年、素人的な報告が多いかと思いますが、こうして会場に何度も足を運んでいただいている行政の方々、メディアの方々、企業の方々、地元の商店街の方々、そして本日出席してくださった方々に、心から感謝を申し上げたいと思います。

先ほど、ゼミ長が泣く寸前でした。本当はシンポジウムが終わった直後に泣くのですが、アップアップでやっているものですから、泣いてしまうほどの状態でした。どうかこの辺もお許しいただきたいと思います。皆さまに出席していただけたことにあらためて感謝申し上げたいと思います。本当に、本日はありがとうございました。

司会 では、以上をもちまして第四回中町シンポジウムを終了させていただきます。本日は、お越しいただき、まことにありがとうございました。

〈参考文献〉

・伊奈正人、一九九五年『若者文化のフィールドワーク―もう一つの地域文化を求めて―』勁草書房
・仲川秀樹、二〇〇六年『もう一つの地域社会論―酒田大火三〇年、メディア文化の街ふたたび―』学文社
・仲川秀樹、二〇〇五年『メディア文化の街とアイドル―酒田中町商店街「グリーン・ハウス」「SHIP」から中心市街地活性化へ―』学陽書房
・仲川秀樹、二〇〇四年「地方都市活性化の試みと世代間にみる影響の流れ―酒田・中町商店街活性化のプロジェクト意識をめぐって―」『日本大学文理学部研究費研究報告書』日本大学文理学部
・仲川秀樹、二〇一二年『コンパクトシティと百貨店の社会学―酒田「マリーン5清水屋」をキーにした中心市街地再生―』学文社
・仲川秀樹、二〇一〇年『おしゃれとカワイイの社会学―酒田の街と都市の若者文化―』学文社

第6章 ローカル百貨店のファッション・コミュニケーション

第1節 二〇一三中町シンポジウムを振り返って(1)

1 メディア文化の街を歩いて—フィールドワーク一年の軌跡—

司会 ただいまより、二〇一三年第五回中町シンポジウムを開催させていただきます。本日はお忙しいなか、マリーン5清水屋ミュージアムホールに足をお運びいただき、まことにありがとうございます。ゼミ生一同、心より御礼申し上げます。今回のシンポジウム開催にあたりまして、多くの関係スタッフの方々のご協力・ご指導をいただきました。厚く御礼申し上げます。司会をつとめさせていただきます。よろしくお願いいたします(2)。

本日の発表に関しまして、五月から六月にかけて予備調査を実施いたしました。こちらは三つのユニットに分かれての予備調査、それに一〇月本調査の結果をもとにまとめておりま

(1) 二〇一三年一〇月六日(日)、一二時三〇分〜一五時三〇分開催。

(2) 担当は社会学科三年、渡辺涼子。

す。調査内容に関しましては社会学的方法論をベースにまとめておりますが、未完成な部分、未熟な部分が多々あるかと思います。それに関しては皆さまからのご指摘をいただければと思っております。

今回のシンポジウムの共通テーマは、「中心市街地から発信するメディア文化―ファッションと・コミュニケーションと百貨店―」です。なお、発表形式についてですが、例年どおり、日本社会学会、日本マス・コミュニケーション学会のシンポジウムスタイルにて、着席をしたまま発表させていただきます。あらかじめご了承お願いいたします。では、プレ報告の方に移ります。「メディア文化の街を歩いて―フィールドワーク一年の軌跡―」、お願いいたします。

プレ報告　担当いたします報告内容に関しましては、「メディア文化の街を歩いて―フィールドワーク一年の軌跡―」についてです(3)。では、報告要旨に沿って進めさせていただきます。

〈百貨店のファッション性〉

最初に百貨店のファッション性についてです。昨年二〇一二年六月にフィールドワーク予備調査を実施しました。続いて一〇月に第四回中町シンポジウムの開催です。昨年の共通テーマは「コンパクトシティと百貨店のファッション性」についてです。ファッションとは、衣服のみに限定せず、装飾品から衣食住を含んだ文化的なトータルコーディネイトのことを意味します(4)。また、このファッション性を背景にして、百貨店から発信されるメディア文化に注目しました。

〈地方百貨店の存在価値と役割〉

つぎに大都市の百貨店との違いについてです。人口規模や商業・ビジネス環境が大きく異

(3)　担当は社会学科四年、八木柚香。

(4)　「ファッション」の概念規定。詳細は、仲川秀樹、二〇〇二年『サブカルチャー社会学』学陽書房参照。

なっている地方都市は、大都市に比べて人口の少なさは比較になりません。ゆえに大都市の百貨店と地方都市の百貨店を比較してみることは不要です(5)。比較して考えるのではなく、その地域、ここでは酒田市のスタイルに沿った百貨店として分析することを前提とします。地方百貨店は東京の百貨店のようでありながら、ある種、大都市とは異なる店舗運営が必要とされます。たとえば、1Fの食品コーナーには高級惣菜が並んでおりますが、それに対して安価なペットボトルや商品も並んでおり、5Fには一〇〇円ショップもあります。マリーン5清水屋は中心市街地に位置していることから、近隣スーパーマーケットとの相乗的機能が果たされていることも事実です(6)。

そこでターゲット層プラスαについて考えてみます。清水屋のターゲット層は、三〇後半から四〇代以上の女性ですが、第三回中町シンポジウムでも「百貨店は親と子のコミュニケーションの場」として報告されたように、子どもが親と買い物に付き合うことで、プラスαの集客のきっかけとなります。

〈ファッション・ブランドとおしゃれ発信〉

続いてファッションについて述べます。2Fのカジュアルフロアには、若者向けのブランドが多く入っているにもかかわらず、地元若者の認知が少ないと感じました(7)。そこで、ファッション・ブランド一覧のようなチラシ資料の必要性です。また、若者向けのブランドのなかでも、東京では主に大学生が着ているブランドが多くあります。しかし地元はほとんどが中高生です。そこで、中高生をターゲットとしたブランドの明確化が重要になります。ファッションに関しましては、最後にファッションにおけるトータルコーディネイトについて述べます。若者は、イメージを優先することから、内装をブランドのイメージに合わせたもの

---

(5) 両者ともに社会構造、地域性などの背景は異なる。

(6) 百貨店でありながら、専門ショップの役割を機能的に一部兼ねる。

(7) 数年越しの課題になっているが、二〇一三年に百貨店の考えを表明。本書、第三章第四節を参照のこと。

に変更した方が、若い人も入りやすいのではないかと考えました。昨年六月の予備調査の時、このことについて提案したところ、一〇月の本調査までに変化がみられました。(8)

〈カフェ・レストランからファッション・ストリートへ〉

清水屋には、大人向けの高級感あふれるおしゃれなお店から中高生も気軽に利用できるカフェ・レストランまで多彩です。その場に合った楽しみ方を選択できる点に百貨店のファッション性をみることができます。また、このようにバリエーション豊かなフードストリートがあることを外部に発信し、はじめてここを訪れた人びとを今後もリピーターとして獲得するためには明確な広報活動が必要となります。広報活動の具体例としては、フロアガイド、各階の案内板、ジャンルによる色分けなど、レストラン、フードエリア一覧の必要性です。さらに今後の課題として、平日の時間帯、仕事帰りの社会人やOL、部活動帰りの中高生に商品などを提供する空間として、営業時間の延長があげられました。(9)

〈フィールドワークから一年、あらたな環境〉

二〇一二年フィールドワークから一年、三度めの酒田です。昨年のフィールドワークで酒田を訪れてから一年が経ち、マリーン5清水屋の環境の変化を検証しました。

①若者エリアの充実

プリコーナー、ステーショナリーグッズやキャラクターグッズのコーナーなど、若者エリアが充実しました。また、学割サービス企画もはじまりました。

②文化イベントエリアの新設

空間イベントエリアとして、6Fのミュージアムホールや、4Fのミュージアムコーナーが新設されました。

---

(8) 二〇一二年予備調査で指摘した部分がグランドオープン時に修正されていた。

(9) 本書、第三章の注(14)参照。

③休憩コミュニケーションスペースの増設

各フロアやエスカレーターサイド、エレベーターサイド、宮脇書店サイドに増設されました。

④ファッションフロアのブランド展開

ミセスからヤングカジュアルフロアに新店舗がみられました。

⑤レストラン・フードコーナーのセグメンテーション化

5Fには、洋食レストランとフードコーナー。4Fにはカジュアルランチコーナーがあります。

⑥野菜フルーツ土曜市の賑わい

1F柳小路口では、「野菜土曜市」の新設です。食料品木曜市はすでに定着しました(10)。以上が、昨年のフィールドワークからの一年間で変化した環境面です。地元の高校生調査にあった要望や、ゼミの先輩たちが報告した環境面がこの一年間に多く活かされていることに感激も覚えました。

〈ファッション・コミュニケーションの百貨店へ〉

最後に、ファッション・コミュニケーションについてです。今回のシンポジウムのメインテーマでもあります。そのファッション・コミュニケーションを、「ファッションを中心としたエンタテインメントに、コミュニケーションを組み合わせた環境」という意味で用います(11)。昨年のシンポジウムでは、世代間のコミュニケーションについて論じました。それに、ファッション的スタイルを含んだあらたなコミュニケーションスタイルについて、ファッション・コミュニケーションとして、以下の報告につなげたいと思います。

---

(10) 清水屋では、以前から食品全般の売出しとして「木曜市」を開催。プレオープンから「土曜市」を新設し、野菜の大セールを毎週実施。

(11) 業績報告会のメインテーマ。

以上でプレ報告を終了させていただきます。ありがとうございました。

2　百貨店から発信するメディア文化とは―ファッション空間と文化の発信―

司会　プレ報告、ありがとうございました。続きまして本報告の方に移ります。報告1「百貨店から発信するメディア文化とは―ファッション空間と文化の発信―」です。それではお願いいたします。

報告1　「百貨店から発信するメディア文化とは―ファッション空間と文化の発信―」について報告させていただきます(12)。では、報告書に沿って進めさせていただきます。

最初は、アパレルファッションの現状について報告いたします。私がはじめて酒田の街を訪れたのは、二〇一三年五月のことでした。ちょうど酒田まつりの開催期間だったため各地から人が集まり、かなりの人出でした。そのなかでも東京との違いは明らかでした。そして、予備調査期間中、ふだん自分の生活の中心となっている都市との違いをいくつかの点から知ることができました。それを報告いたします。

〈アパレル関係ショップの意外性〉

予備調査のメインであった地方の百貨店を訪れ、そこで東京とは違うアパレルショップの現象からまず報告をはじめたいと思います。清水屋1Fに設置されています「靴・下・館」には、タイツやストッキングが置かれています。その種類は東京でもみられないほど豊富でした(13)。地方都市で人口の少ないこの街でこんなにも販売し売れるかと疑問に思いました。そこで店舗スタッフに伺ったところ、地元の若者のリクエストに応じて置いたブランドや、三

(12) 担当は社会学科三年、神津愛奈。

(13) 有名ブランドのストッキングのラインアップがかなり豊富だった。

〇代のおしゃれな方を中心にしたブランドなど、多様な世代の方が満足するような商品提供ができるよう工夫しているということでした。

〈ファッションスタイルの迷い〉

つぎに、世代間の傾向とファッション意識を報告いたします。若者をターゲットにしたショップ、「ｅａｒｔｈ」や「Ｅｈｙｐｈｅｎ」について、通常ここに来店する客層は、平日の場合、三〇代前半から後半、休日は一〇代から二〇代が多いということでした。しかし、売上げのほとんどは、平日の客層が対象であり、私たちの世代の購入は少ないことが分かりました。

また、消費者傾向として、自分の世代のブランドや系統が分からず、トータルコーディネイトしても、組み合わせや着こなしが混乱しているため、何系かが分からないスタイルで完成してしまっている若者が多くいることも分かりました。(14) 地方の場合、ファッション意識に大きな差があるため、それがこのような迷いにつながっているのではないかと考えます。地方百貨店だからこそ、ファッション意識を高める役割も必要なのかと、ファッションに関する企画や催事が必要ではないかと思いました。

〈地方と百貨店の階層〉

地方の階層構造と百貨店の客層について報告いたします。２Ｆの「23区」や「組曲」では、平日は三〇代から五〇代、夏休みになると長期休暇で大学生とその親が客層の中心になっているということが分かりました。その場合、トータルコーディネイトで購入していく傾向があるようです。(15) アパレル関係の店舗全体を通して共通することは、自分の年齢より、周囲から若く見てもらいたいという意識の高い人こそ百貨店のアパレルショップを訪れる傾向にあ

(14) ファッション系列による自己のスタイルの認識が不足。

(15) 若い世代の百貨店誘導の事例。

るのではないかと思いました。二〇代の人口が少ない街であるため、こうした傾向が百貨店を訪れる客層にも影響しているのではないでしょうか。ゆえに〝若い子〟の指す年齢をめぐって、清水屋の店員さんと私たちとの想像の間でズレが生じていることも明らかになりました。百貨店の対象年齢は、これまでのシンポジウムでも議論がなされています。(16)

〈ファッション意識とマス・メディア〉

今度は、ファッション意識とマス・メディアとの関係について報告いたします。ファッション意識の向上という点は、その情報を何から得るかということにも関連しています。地域性をみれば、マス・メディアからダイレクトに情報をキャッチする直接的ファッションが多いように思います。そのため、それを雑誌だけではなく人から人へ情報や流行が伝わっていく間接的ファッションを浸透させる役目も百貨店にはあるのではないかと思います。(17)女性誌に掲載されている商品を広告などで紹介し、店舗の前にその雑誌を置いたりすることで認知度も増えるのではないかと考えました。清水屋の店舗にある女性誌は、店内奥に設置されているため、もう少し前面に出してもよいのではないだろうかと思いました。

〈ファッション意識を高める工夫〉

また、地方の現状から、雑誌に記載されている商品は直接購入できないと考える若者も多いため、メディア環境が不足していることに地方の若者は引け目を感じているということも明らかになりました。(18)どのようにファッション意識を高めるかというのが焦点の一つであるように思います。どの世代でも購入できるようなブランドを設置することは、スペースや他の理由から困難かもしれませんが、百貨店にとって服飾関連はもっとも売上げを左右する重要な商品であるように思います。そこに力を入れてもよいのではないかと考えます。

---

(16) 酒田市内の若者世代は二〇代が少ないために、三〇代を若い世代と示す傾向が強い。

(17) 地元の人びとはファッション情報に乏しいために、清水屋側で情報告知の役割を果たす必要がある。

(18) ファッションブランド意識を高めるための方策も必要。

〈ファッション空間と文化の発信〉

では、つぎにファッション空間と文化の発信について報告いたします。ファッションは人間のライフ・スタイルの一つを形成します[19]。そして文化的スタイルは、ファッション空間を充実させることで、人びとの文化度を高める、つまり生活の質を上げる環境づくりにもなるのではないかと思いました。中心市街地の店舗に必要なのは、洗練されたブランドを提供することにあります。郊外SCとの違いは、高級感の提案、高級感とは高額な商品を提供するだけではなく、消費する環境を高めることにもあると思います。地方でも大都市と変わらない商品を広く認知させることで、それが消費者の選択に影響をおよぼすのではないでしょうか。

本日のシンポジウム後半で予定しておりますミニ・ファッションショーは、大都市に行かずに地元の百貨店でブランド商品をコーディネイトしておしゃれを楽しむことができるという提案であります。

〈ファッション・コミュニケーションの空間〉

最後に、「ファッション・コミュニケーション」を提供する空間について報告いたします[20]。若者は、どうして大都市を目指すのか。それはメディア環境の備わった条件がそこに存在するからではないでしょうか。地方都市にそれを求めるのは困難かもしれませんが、メディア文化的条件の機能する企画が一つでも加われば、地方でも人びとの欲求に応える大きな機会になると考えます。百貨店の企画やイベントには、それを発信させる可能性に富んだモデルをみることができます。

とくに、いまのトレンドを表出させる衣服や装飾品のたぐいであるファッションの動向は

(19) 文化的パターンの一つに「衣」としてのファッションがある。

(20) ファッションは身体表現に限らず、目的ある行動とその場所（イベント）の娯楽をカバーした全体。

重要であると思います。お客さまの流れに、個人や集団さまざまな消費スタイルがありますが、そこにかかわるコミュニケーションスタイルの是非は、ファッション・コミュニケーション空間を形成するだけに、百貨店の未来にかかわると思います。百貨店から発信する文化として、今後の検証を続けていきたいと思います。

以上で報告1を終了させていただきます。ありがとうございました。

3　食はファッションとコミュニケーション—料理教室にみるおしゃれ発信—

司会　ありがとうございました。続きまして報告2、「食はファッションとコミュニケーション—料理教室にみるおしゃれ発信—」、お願いいたします。

報告2　報告2をつとめさせていただきます。私のテーマは「食はファッションとコミュニケーション—料理教室にみるおしゃれ発信—」です。(21)

〈人が集まる空間とは〉

まず、酒田まつりと酒田の街の様子について報告いたします。今年の五月に予備調査ではじめて酒田の街を訪れたのですが、その時はちょうど酒田まつりがおこなわれていて、まっすぐ歩けないほど人で溢れていました。しかし、酒田まつり以外の酒田の街の様子は、他の学生の予備調査でも報告されていますように、街には人がほとんどいません。東京から離れることがない私たちにとっては、酒田の街も東京のように街には人が溢れているのがあたり前だと考えていました。東京に比べ人口の差はもちろんあると思いますが、人びとが集まる都市部と、そうではない酒田との違いはどこにあるのでしょうか。酒田まつりやディズニー

(21)　担当は社会学科三年、森下奈美。

パレードといったイベントがあった時は、山形県外からも多くの人が訪れ、賑わっていました。[22]実際、人びとが集まることが可能である街にもかかわらず、普段人がそこにいないのは、そこにトレンドがあるのかないのかに関係すると私は考えます。渋谷や原宿といった主要スポットは流行の発信地になっており、一年中人が集まり賑わいをみせています。それらの街は、つねにマス・メディアによって取り上げられ、注目されています。

〈中心市街地から発信する食とは〉

そこで、中心市街地中町から発信する食に関するトレンド、つまり「ファッションの一つとしての食」という視点から、酒田市の中心市街地について考えていきたいと思います。「ファッションの一つとしての食」とは、一体どのような意味なのでしょうか。日常生活において、食事をする場所の選択と衣服はセットになっています。さらに食事をする相手や場所の雰囲気やメニューも関係するため、食はファッションであり、コミュニケーションを誘発する媒体ともなります。そこで、ファッション・コミュニケーションの事例として、清水屋さんの料理教室を取り上げ報告をおこないます。[23]

〈ファッション・コミュニケーション〉

ここで、ファッション・コミュニケーションの定義について説明いたします。ファッション・コミュニケーションとは、ファッションを媒体としたコミュニケーションのことです。たとえば、気になる異性と一緒にレストランへ食事に行くとき、おしゃれな服装で良い雰囲気のレストランで食事をすることで良好なコミュニケーションが生まれやすくなります。「衣服」と「食事」と「環境」の三つがトータルコーディネイトとして、コミュニケーションの舞台となるのです。[24]昨年のシンポジウムでは、百貨店における親と子のコミュニケーション

---

(22) メディア的なファッショントレンドのある場所に人は集まる。

(23) 料理教室はおしゃれであり、ファッション的なコミュニケーションの成立する空間。

(24) 「衣服」としてのファッション、「食事」としてのコミュニケーション、「環境」としてのエンタテインメントの場。

について論じられました。百貨店の商品は比較的値段が高いため、子どもが親におねだりして買ってもらうことでコミュニケーションが生じるということでした。

〈コミュニケーションのいろいろ〉

親子間のコミュニケーション、友人間のコミュニケーションと、そのやりとりは多彩です。その中心となるものは何か、良好な人間関係を構築するものとして、食をめぐる話題ほど適したものはないのではと考えます。食をめぐるコミュニケーションをファッションやおしゃれと関連させたエンタテインメントの一つが料理教室という空間なのです。グランシェフによる料理教室を見学させていただきましたが、大変多くの人で賑わっていました。若いお母さんといった風貌の方から割烹着を着たご年配の方まで、会話を楽しみつつ料理を学んでいるという感じでした。[25] 料理教室を通じた知り合いや友人に会いに出かける場としての方々も多いように感じました。

〈料理教室と文化的充足度〉

今日、主要なホテルやデパートにおいて企画される料理教室の人気は高いです。著名な料理人から直接指導を受ける魅力もそうですが、料理を媒介にしたコミュニケーションの場として、参加者にも大きな影響を与えています。料理教室に参加するということは、自己の向上の役割も果たします。つまり、料理教室は生きていく上で必ずしも必要とはいえませんが、生活の質を上げることにつながると思います。文化的充足度の一つでもあります。[26]

料理教室は、和洋中、パン、スイーツ各種とカテゴリーは幅広いです。料理教室という響きはとくに目新しいものではありませんが、中心市街地の百貨店、ここ清水屋において開催されるということは、大変意味があります。昨年三月のプレオープンに合わせ、レストラン

---

(25) 食をとおしてのコミュニケーション環境の証明。

(26) 自己実現でもあり個人の機能的要件充足となる。

開店、酒田天然ガスのサポートで隣接した料理教室は予想以上の賑わいをみせました[27]。募集と同時に各料理教室は毎回定員いっぱいとなる状況が続いています。オープンルームであるため、その模様は一般客にもみることができます。なかは明るく、清潔で、そこで指導するシェフと生徒さんたちは、みな思い思いのクッキング・スタイルを楽しんでいるようでした。

〈おしゃれとカワイイの料理教室〉

先日、酒田天然ガス主催でパティシエとスイーツをつくる教室がありました。母親と子どもたちのクッキング・スタイルは、皆おしゃれでカワイイものでした。料理教室に参加することは、単に料理を習うことだけではなく、そこにかかわる意識や衣服など、ファッション的な意味も含めたトータルコーディネイトそのものであり、ファッションそのものだと感じました[28]。さらに、親と子のケーキ作りをとおしてあらたなコミュニケーションの成立、それは家族間のコミュニケーションへと広がっていきます。まさに料理教室は、ファッション・コミュニケーションとしてエンタテインメントやおしゃれを発信する場になるのです。

ここで、料理教室の目的や役割をあらためて再考します。料理教室はその指導だけを目的としたものではなく、多彩なコミュニケーションの道具として機能しており、人びとが「食」を通じて楽しく話題を共有できる場所であると思います。一般に専業主婦は、社会から取り残され、人びととのかかわりも減ってしまいがちです。そのため、料理教室はママ友との交流を深めるだけでなく、そこで身に付けた調理技術を生かして、家族団らんの楽しい時間を過ごすことにもなります[29]。

今回、中心市街地から発信するメディア文化の一つとして料理教室を取り上げました。中心市街地再生のキーを握る清水屋さんで開催された料理教室は、フレンチ、家庭料理、スイ

---

(27) 地方都市でも大都市と変わらない文化的欲求度の存在を確認する。

(28) おしゃれとカワイイをファッションによって表現できる。

(29) 料理教室から広がるコミュニケーション環境。

ーツ、中華、パンの各教室に加えて、タッパーなどを用いた「タッパーウェア簡単クッキング」も開かれています。(30) さらに、清水屋さんの料理教室の費用は、一回三〇〇〇円くらいですが、東京では普通に一回五〇〇〇円～六〇〇〇円はするので、だいぶ安くて通いやすいというのも魅力なのだと思います。

百貨店は娯楽的な消費をするには格好の場です。清水屋の料理教室は、中心市街地から発信するメディア文化としての機能を担うものとして今後の動向を追い続けたいと思います。

以上で報告2を終了させていただきます。ありがとうございました。

4 エンタテインメントとコミュニケーション空間―キャラクターそしてカワイイ発信―

司会 ありがとうございました。続きまして報告3、「エンタテインメントとコミュニケーション空間―キャラクターそしてカワイイ発信―」、お願いいたします。

報告3 私は「エンタテインメントとコミュニケーション空間―キャラクターそしてカワイイ発信―」というテーマを中心に報告させていただきます。(31)

〈シンポジウムの成果〉

まず、エンタテインメント発信の空間について報告いたします。おしゃれやカワイイを共通テーマにしたシンポジウムから四年が過ぎました。(32) 中心市街地中町には何もなく、出かける魅力もない、地元の高校生調査から浮かび上がった課題でした。中町にファッションの店舗があれば、本屋さんやおしゃれなお店が欲しい、調査結果にはそんな声が多くあがりました。中心市街地に位置する百貨店の清水屋では、あらたな百貨店を運営するために、昨年三

(30) 料理教室以外のオプション的な企画イベント。毎回認知度が高まっている。

(31) 担当は社会学科三年、木原菜美。

(32) 二〇〇九年開催の第二回中町シンポジウム。

月のプレオープン、一〇月のグランドオープンを経て一年、調査結果に応えるように、店内にエンタテインメント空間の提供を続けてきました。大型書店の導入、ステーショナリーコーナー、キャラクターコーナーなどです。(33)そしてこの夏、中高生向けに絶大の人気を誇るプリクラ機を設置した本格的プリコーナーをオープンさせました。

〈プリコーナーデビュー〉

この本格的プリコーナーについて報告いたします。プリコーナーは、今年の七月に、4F宮脇書店脇の並びのスペースに、パウダールーム、カフェコーナーを併設し、コスプレによるプリクラを可能にした環境としてオープンしました。「美しさ抜群」「現役最強」「顔が盛れる」写真プリ機のデビューとなりました。六月の予備調査の時点で、準備は既にはじまっていました。それまでは、5Fのゲームコーナーにプリクラ機は二台ほどあったようで、そのうちの一台は古めの機種で、もう一台は新しめの機種のようでした。予備調査の時も、女子中高生が利用しているのをみました。今回、プリクラのコーナーを設けるということは、中高生にとっては嬉しいことだと思います。友達と遊んだ際に、プリクラを撮るということがもはや一種のコミュニケーションのようにも思えるので、気軽に立ち寄れて楽しめるカワイイ空間をつくることで、そこに若者も集まるはずだと思います。

〈プリクラバリエーション〉

プリコーナーの課題とバリエーションについて報告いたします。二〇〇九年のフィールドワークでも課題となった、プリクラを撮ったあとは、そそくさとその場所をあとにする中高生たち。この時、プリクラを編集したり、プリクラをみて会話したりというスペースもなく、サポートのないままの状態でした。それからプリクラ機能の進化、カフェコーナーを充実さ

---

(33) 清水屋店内に「おしゃれ」「カワイイ」コーナーも新設される。

せ、休憩スペースも完備され、その課題はクリアされました。続く課題として、プリコーナーの集客とその効果があげられます。清水屋側では、店内の「アリスカフェ」や「モン・リブラン」などのベーカリー・フードコーナーと協力し、ドリンクやスイーツなどのサービスも実施します。九月に「プリコーナー」のネーミングも決定し、本格的な攻勢時期に入ったようにみえます。ショップ名の大募集をかけ、募集期間一か月のあいだに、多くの応募があったようで、関心の高さがうかがえました。(34) ネーミングが決まり、プリコーナーをいかに認知させられるのかという課題を背負いながらも、娯楽性の高いプリクラはまさにエンタテインメント的な要素をもつメディア環境の一つです。プリクラに集うことは、友人間のコミュニケーションも進行し、その先にある娯楽的消費、つまりメディア文化的スタイルを受容することでもあります。

〈プリクラオプション〉

新奇性をもつコスプレについて報告いたします。プリコーナーのオプションとして注目するのがコスプレです。清水屋プリコーナーでは、コスプレも可能になっています。最近では、「コスプリ」という言葉もトレンド語としてよく耳にします。(35) 簡単に衣装を借りられる雰囲気を出せば利用する人は増えるのではないでしょうか。また、七月のオープン時にもあったように、月一程度で「プリクラの日」を設けて、一回三〇〇円にするなどのイベントのようなものをやってもいいと思います。プリクラの日は、アリスカフェやモン・リブランなど店内の商品サービスなどを実施すれば、中高生には喜ばれるでしょう。

さらに、最近ではミセスの方もコスプレに関心が高いようです。バブル世代の年齢層にとって、プリクラへの思い入れもまた別のように思われます。(36) ゆえに友人間だけでなく、親子

(34) プリコーナーネーミング募集に一二四名の応募があった。

(35) お気に入りのコスチュームを着用してプリクラ撮影。

(36) 通称「バブル世代」二〇一三年では四〇代後半から五〇代前半。

間のコミュニケーションが生まれる可能性も高いでしょう。プリクラアフターのカフェスペースや休憩スペースには、先ほどのサービスや付加価値をつけることもよいと思います。コミュニケーション空間の機能とは、そうしたシーンからつながっています。

〈キャラクターとカワイイコーナー〉

つぎに、キャラクターコーナーそしてカワイイ発信について報告いたします。プリコーナーと前後するものに、同じフロアのキャラクターコーナーについて考えたいと思います。キャラクターコーナーは、4F宮脇書店に隣接しています。予備調査時の検証では、対象は小中学生のように感じました。とてもオープンな空間なので、書店の流れでキャラクターコーナーに立ち寄ることができると思われます。5Fからエスカレーターで4Fフロアに降りてすぐにキャラクターコーナーが目に入るということも、立ち寄るきっかけの一つになると思います。キャラクターの種類は豊富で、品揃えもよかったです。小中学生向けのキャラクターだけでなく、小さな子ども向けの商品もとても多かったです。とくに、シールの種類が充実しており、シールの置かれている場所も細かく分かれていたため楽しくみやすかったです。

〈キャラクターの大人バージョン〉

また、向かいの宮脇書店サイド、ステーショナリーグッズの売場に、輸入菓子のコーナーが設置されました。ここに置いてあるポップコーンは、そのなかの一つの商品です(37)。先日の予備調査の時、このポップコーンを抱きかかえている女子高生たちがいました。このように、キャラクターコーナーは小中学生向きでも、輸入菓子のコーナーがあることで、それを媒体にした友人間のコミュニケーションが成立すると考えました。キャラクターは一見、低年齢層にみられがちですが、一九八〇年代後半以降、ブランド化したキャラクターの大人バージ

---

(37) 4F輸入菓子コーナーで購入。地元女子高生が抱えていた。

ョンの充実、いやし系からいまではキャラクターのハズシとしての機能も高く、大人でもそれを手に取り「カワイイ〜」と発することは多いです(38)。

〈カワイイ発信〉

最後に、エンタテインメントとコミュニケーション空間のカワイイについて報告いたします。娯楽的なモデルは数多いなか、それをカワイイと結びつけることで発生する消費空間は、若者を中心に拡大しています。そこに人びとが集まることで生じるさまざまな人間関係は、多様なスタイルをもち、コミュニケーションも活発化します。カワイイは、年齢を問わずつねに人びとの意識にあります。中心市街地は、郊外SCとはまた異なり、訪れる人の年齢層も高くなることで、大人カワイイ的なスタイルの選択もできるでしょう(39)。中心市街地からメディア文化として発信するモデルには、限りない可能性が潜んでいるように感じました。

以上で報告3を終了させていただきます。ありがとうございました。

第2節　リプライ・フロア

1　報告者による討論者への回答

司会　ありがとうございました。以上で、プレおよび三つの報告を終了させていただきます。これより、報告内容について討論者との質疑へと進めていきたいと思います。フロアの皆

(38)　仲川秀樹、二〇〇二年、『サブカルチャー社会学』学陽書房、一六九ページ。

(39)　百貨店は主に「コンサバセレブ」系ファッションをあつかう店舗が多い。

さまからのご質問は、後ほどお時間を設けさせていただいております。それでは、討論1、お願いいたします。

〈「靴下館」の魅力発信へ〉

討論1　報告1への質問です。(40) アパレルファッションの現状で「靴下館」について触れられていました。幅広い世代の方が満足するような商品をあつかっている「靴下館」は、世代を超えて一緒に商品を選ぶことができるような場であるのではないかと感じました。私自身、母と一緒にタイツを買いに行くことが多いので、清水屋さんの種類が豊富な「靴下館」はとても魅力的に感じました。(41) もっと多くの人びとに知って欲しいと思いました。そこで、何かこのエリアでの企画があれば、この充実した「靴下館」の魅力をもっと発揮できるのではないかと考えたのですが、いかがでしょうか。

司会　ただいまの質問に関しまして、回答をお願いいたします。

〈ランキング掲示と親子割引企画〉

報告1　この質問に関しましては、報告1で回答いたします。確かに、その「靴下館」は種類が豊富で充実していました。ところが、お客さまの商品認識は低いのが気になりました。たとえば、お店の目につきやすいところに各世代の人気ランキングなどを掲示することで、それをみて友人や親子でコミュニケーションをとることができるのではないでしょうか。(42) 商品認識にもなると思います。売場にはさまざまな世代の方が購入できるような種類のストッキングが置かれているので、親子で行って会話をすることが可能ですし、親子で同じ種類のストッキングを買ったときに親子割引ができるような企画も魅力的だと思います。いかがでしょうか。

---

(40) 担当は社会学科四年、太田理絵。

(41) お客さんの要望リクエストに応じて用意している。顧客のファッション度を示す。

(42) 清水屋の顧客によるファッション認識度を高める方法の一つ。

司会　ただいまの回答について、いかがでしたでしょうか。

討論1　ありがとうございました。

司会　続きまして、討論2、お願いいたします。

〈直接的ファッションから間接的ファッションへ〉

討論2　報告1へ質問いたします。(43)　酒田の地域性により直接的ファッションが多いので、百貨店には間接的ファッションを浸透させる役割が必要になってくるという言葉が、とても印象に残りました。清水屋さんには今年設置されたプリコーナーなど、お客さんがコミュニケーションをとることができる空間がとても多くみられます。そのような空間をとおしてファッションを発信することは、とても重要なことだと感じました。そこで、ファッション意識を高めるような何かイベントなどが考えられましたら教えていただけないでしょうか。

司会　ただいまの質問に関しまして、回答をお願いいします。

報告1　この質問に関しても私が回答します。パウダーコーナーなどに女性誌を設置しておくことはいかがでしょうか。(44)　その雑誌をお互いにみることで、その内容を友人間のコミュニケーションをとおして、それが学校などで広められていけば、間接的ファッションにもつながるのではないかと考えています。いかがでしょうか。

司会　ただいまの回答について、いかがでしたでしょうか。

討論2　ありがとうございました。

司会　続きまして、討論3、お願いいたします。

〈ミセスのコスプレへの関心〉

討論3　報告3の内容に質問いたします。(45)　新奇性をもつコスプレの部分で、最近ではミセスの

---

(43)　担当は社会学科四年、芦刈優。

(44)　プリコーナー利用年代に合わせた女性誌を用意することで店内商品との連携も可能となる。

(45)　担当は社会学科三年、南友里衣。

方のコスプレへの関心が高い、またプリクラへの思い入れも強いようだとおっしゃっていましたが、なぜミセスの方はコスプレやプリクラに関心が高いということが分かったのでしょうか。

司会　ただいまの質問に関しまして、回答をお願いします。

討論3　この質問に関しては私が回答いたします。まず、ここでいうミセスというのは、現在三〇代後半から四〇代の方々のことを指します。この方々から多数の問い合わせがお店にあったようで、このようなことが分かりました。この世代の方々が若い頃にプリクラが誕生し流行したので、プリクラに対しての思い入れが強く、当時のプリクラと現在のプリクラとのさまざまな違いに強い関心をもっているのだと思います。(46) その一つとして、コスプレがあげられます。昔と違って新しくなったものに興味をもったことで、このようになったと私は考えました。いかがでしょうか。

司会　ただいまの回答について、いかがでしたでしょうか。

討論3　はい、ありがとうございました。続けて質問させていただきます。本日も開催されていますが、月一回程度プリクラの日を設けて三〇〇円にするなどのイベントをやってもよいのではという提案があり、それはとてもよいと思いました。その他に、どのようなイベントをおこなったらよいと思いますか。

司会　ただいまの質問に関しまして、回答をお願いします。

報告3　この質問に関しても私が答えます。七月のプリコーナーのオープン時に実施した、店内のアリスカフェやモン・リブランにおけるドリンクやスイーツなどのサービスをさらに充実させて、今後も続けていくとよいのではないかと私は思います。さらに、２Ｆの喫茶店Ｐ

(46) バブル世代をはじめ当時の趣味や嗜好への思い入れは深く、プリクラもその一つ。旧バージョンと新バージョンの比較対応もプリクラ利用の動機に。

ＯＥｍや１Ｆのブラッスリーロアジスにおいても、同様のサービスをおこなうのも面白いのではないかと思います。いかがでしょうか。

司会　ただいまの回答について、いかがでしたでしょうか。

討論３　はい、ありがとうございました。

司会　その他に補足の質問がある方、いらっしゃいますか。報告２に関して質問がある方、いらっしゃいませんか。

〈スイーツをとおしてみるコミュニケーション〉

司会　それでは、司会の方から報告２「食はファッションとコミュニケーション—料理教室にみるおしゃれ発信—」に関して質問させていただきます。清水屋では、食を通じたコミュニケーションの場として、料理教室以外にどのような企画がありますでしょうか。

報告２　はい、ブラッスリーロアジスの学割がそれに当たると思います[47]。学割があることによって学生どうしも入りやすく、コミュニケーションの場にもなると考えます。また、子どもが親にブラッスリーでスイーツのデザートをしたいという希望は、親子間のコミュニケーションの成立する機会と考えます。いかがでしょうか。

司会　ありがとうございます。続けて質問させていただきたいのですが、昨日、本調査の途中で清水屋さんのイベントがあり、そこで越後製菓の餅つき大会がございました。こちらに関しましてもエンタテインメント性が高いと思われるのですが、いかがでしょうか。

報告２　私もそう思います。あのような形で餅つきイベントを開催することでお客さんが集まり、その帰りに別のものを買っていくということで相乗効果を見込めます。

---

(47)　学割サービスの対象店舗の増加。

2　学生とフロアのインタラクション

司会　ありがとうございました。

それでは、ただいまよりフロアの方へ移らせていただきます。ここでは、本日ご出席いただいた皆さまからのご意見や、ご質問を交えて進めさせていただきたいと思っております。

〈百貨店を活用した情報発信は〉

フロア1　中心市街地まちづくり推進センターにおります。よろしくお願いします(48)。

今回、清水屋さんを活用した文化の発信的な報告をしていただいた訳なのですけれども、では清水屋さんを活用して、その周辺にも人が来るような空間づくりができないか、情報発信できるような手段がないか、皆さんの方からご提案があれば聞かせていただきたいと思います。

司会　ありがとうございます。百貨店と中町商店街との連携といった意味でよろしいでしょうか。ただいまの質問に関しまして、それぞれ「ファッション」、「食」、「エンタテインメント」の三つの視点から考えさせていただきたいと思います。

報告2　食に関して答えさせていただきます。酒田まつりがおこなわれていた時に思ったのですが、多くの食べ物関係の屋台があり、大勢の人たちが歩いていました。そのようなお祭り的イベントが、酒田まつり以外にも催されればと思いました(49)。

司会　ありがとうございます。ファッションやエンタテインメントではいかがでしょうか。

報告1　中町商店街の中にあるモアレさんのジェラートがとても美味しくて、そこには学生の

(48) フロア質問、酒田市まちづくり推進センター長。

(49) 毎年、一〇年下旬に秋の収穫時期に合わせた「どんしゃんまつり」がある。

方がよくいらっしゃるということなので、モアレさんでジェラートを買ったときにもらったチケットをプリコーナーに持っていくと一〇〇円の割引ができるなどのような、プリコーナーとモアレさんとの連携が考えられるのではないかと思います。

報告3　先ほど報告1で答えましたように、プリコーナーには、やはり若い世代が集まったりするので、中心市街地とうまく連携をしてイベントの実施などがよいのではないかと思います。いかがでしょうか。

フロア1　ありがとうございます。ちょうど来年度の予算要求の時期でして、何か仕かけをしたいなと思っていましたので皆さんに聞いてみました。どうもありがとうございました。

報告者一同　ありがとうございました。

司会　その他にご意見はございますか。

〈シンポジウムに人を呼び込む試みを〉

フロア2　こんにちは。以前からシンポジウムに参加をさせてもらっているのですが、桜門会という、皆さんの先輩にあたる立場にいます(50)。今年の五月から予備調査をしながら、この地域でいろんな方と接触をしてきたと思います。それで、このシンポジウムを開くのに、どのような仕かけをしてきたのでしょうか。一人一人と会ったときに、皆さんからいただいたご意見をまとめて発表しますよ、ということを話してきましたでしょうか。この清水屋で、人を集わせる一つの手段として発表しているのですが、自分たちがやるこのシンポジウムに来ていただくための発信はしてきましたか。たとえば、五月からこの日程が決まっている、この案内パンフレットを一人ずつお渡ししてきましたか。要するに、人を集わせるというのは、自らが発信をして、その人たちにぜひ出かけたいと思わせる仕組みを皆さんがしなければな

(50) フロア質問、酒田桜門会の平野宣会長。

らない。皆さん方は、直接関係があるこのシンポジウムに、人を集める努力をしましたでしょうか。(51)

そこがなくて、話だけで、それも第三者である清水屋さんの成澤社長がお話をするでしょう、けれども、皆さん方が提案されたことが清水屋さんで実現しはじめている。でも、皆さん方がここに人を集めるための仕かけをしないことには。こういうゼミでやっている一番の集大成を聴いてもらえるための仕かけをしてこなかったのでは、説得力に欠けるのではないでしょうか。これは先生から答えられると困るので、皆さん方がどのように感じたか、ぜひ来年以降続けられるのであれば、そのへんの改善をしていただければと思います。以上です。

司会　大変重みのあるご意見ありがとうございます。確かに、酒田まつりの際にチラシ配りをした時、プリコーナーの宣伝やキャラクターの宣伝をしましたが、今回の中町シンポジウムの宣伝というのはとくにしてこなかったと思います。この研究は一〇年ほど続いております。シンポジウムも今回で第五回を数えました。しかし、それが私たちのなかでは、中町シンポジウムを開催することが当たり前になっていて、周りの方々への認知が足りなかったと思います。ご指摘の意味を再考し、次回のシンポジウムに向けて、学生たちと考えてまいりたいと思います。ご指摘ありがとうございました。

フロア3　報告3の報告に関して質問します。(52)「キャラクターそしてカワイイ発信」の部分の、キャラクターのハズシとしての機能というのはどういったものでしょうか。ご意見を聴かせていただきたいです。よろしくお願いします。

司会　ただいまの質問に関しまして、回答お願いします。

---

(51)　シンポジウムの観客動員策について大きな課題。

(52)　担当は社会学科三年、九石楓夏。

〈キャラクターのハズシ〉

報告3　ご質問ありがとうございます。キャラクターのハズシというものを一言でいうのは少し分かりにくいのですが、たとえばスーツを着ているとして、スーツというのは場所をわきまえきちんとした着こなしをするものです。それが公的な場を離れ、プライベートな場に移った時、それまで隠していたキャラクターなどの一部分を外に出すようなことです[53]。

フロア3　たとえば、そういうものであるとするならば、携帯のキャラクターストラップをわざとポケットから出すこともハズシとしての機能と理解してよろしいでしょうか。

報告3　はい、そのようなことです。

フロア3　ありがとうございます。

司会　ありがとうございました。他に、ご質問、ご意見がある方はいらっしゃいませんか。

それでは、フロアにいる学生の方からもご意見を頂戴していきます。

〈東京と酒田の料理教室の違いは〉

討論3　報告2への質問をさせていただきます。食についての報告にあった料理教室に、ご自身は参加なさっているのでしょうか。

報告2　ご質問ありがとうございます。私も料理がとても好きで、料理教室にも何度か参加いたしました。しかし、東京の料理教室だと一回で結構な金額になってしまうので、もっとリーズナブルな所があればなあと思ったりします[54]。

討論3　ありがとうございます。東京で参加した料理教室でよかった点、またはそうでなかった点があればお伺いしたく思います。

報告2　東京の料理教室は、やはり数が多いです。年齢層も若い二〇代前半の方も多い気がし

---

(53)　詳細は本章の注(38)文献を参照。

(54)　清水屋料理教室は、一講座あたり三〇〇〇円程度。

ます。清水屋さんの料理教室には見かけませんが、東京では大学生も多く来ていると思いました。以上です。

討論3 ありがとうございました。

司会 その他に質問やご意見がある方はいらっしゃいませんか。討論2、お願いします。

〈百貨店における若い子の規定〉

討論2 報告1に質問させていただきます。地方の階層構造と百貨店の客層というトピックの中で、「若い子」の指す年齢をめぐって清水屋の店員さんと私たちの想像のあいだでズレが生じているとあるのですが、そのズレというものはどのようなものか教えていただけますか。

報告1 予備調査で「靴下館」や各アパレルショップのお店を回ったとき、私たちは自分たちくらいの年代、一〇代から二〇代を若いと想像して「ここは若い方が買われるのですか」と聞き、「そうです」と言われて「そうなんですね」となったのです。しかし実際は、三〇代から四〇代の方を指していました。二〇代の方がこの街には少なくて、清水屋の店員さんが指していた若い方というのは、年配の方の娘さんということで三〇代から四〇代を指していることが分かって、そこに驚いたということです(55)。

司会 ただいまの回答に関しまして、いかがでしょうか。

討論2 はい、ありがとうございます。

〈バブル世代とは〉

司会 それでは、司会の方から報告3に関しまして質問させていただきます。

新奇性をもつコスプレのなかの、バブル世代の年齢層にとってプリクラへの思い入れもコスプレにも関心が高いようだとありましたが、バブル世代についての説明をお願いしてもよ

---

(55) 本章の注(16)参照。

ろしいでしょうか。

報告3　ここでいうバブル世代というのは、現在四〇代半ばから五〇代前半の方々のことを指しております。[56]

司会　ありがとうございます。プリコーナーがオープンして、実際にみたのは今回の本調査でした。その感想をお願いいします。

〈プリコーナー〉

報告3　今回、本調査でプリコーナーを実際に見学させていただきました。予想していたよりもとてもかわいらしく、東京にあったら私自身も使いたいなと感じるようなものでした。色合いがとてもカワイイもので、機械ももちろん新しくて、コスプレも借りやすい雰囲気になっています。あとは実際、人が集まればいいのに、と感じました。

司会　実際に中高生の方々は利用されていましたか?

報告3　本調査初日の金曜日と、昨日の土曜日、中高生の方が数名プリクラを撮っていました。

司会　ありがとうございました。その他にご意見がある方、お願いします。

〈キャラクターの大人バージョンとしてのハズシ〉

フロア4　報告3に質問です。[57]キャラクターが一見、低年齢層にみられがちだが、一九八〇年代後半以降のブランド化したキャラクターの大人バージョンの充実、いやし系からいまではキャラクターのハズシとしての機能も高くとありましたが、たとえば、ハズシとしてのキャラクターにはどのようなものがありますか。

報告3　キャラクターの種類ということでよろしいでしょうか。メジャーなところでは、キティちゃんがあげられると思います。キティちゃんは、大人の方でもグッズを持っている方が

---

(56)　一九八〇年代に二〇歳前後を過ごした大よその人びと。

(57)　担当は社会学科三年、伊東霞。

多くみられ、ハズシとして人気なのではないかなと思います。

司会　いまの回答に加えまして、少し補足をさせていただきます。たとえば、ストラップにキャラクターをつけている。たとえば、スヌーピーとかハローキティとか。ブランド化したという表現がありましたよね。(58)

報告3　はいそうです。

司会　そのブランド化したキャラクターとして、ハローキティやスヌーピーなど、年代に関係なく認知されているキャラクターだと思います。

フロア5　ハズシの補足説明をしたいと思います。(59)キャラクターのハズシというのは、このように携帯電話にスヌーピーのストラップをつけ、(スヌーピーだけポケットの外に)出したりすることを指します。

報告3　ただいまのように、ポケットからキャラものを出しますが、就職活動の時はキャラクターのストラップやキーホルダーなどは外に出さず、就職活動が終わったら出すというように、状況によってハズシを使ったり使わなかったりという切り替えもあります。(60)

司会　その他に、ご質問やご意見がある方はいらっしゃいませんか。

〈清水屋店舗のレイアウト〉

フロア6　報告1に質問です。(61)店内の雰囲気づくりについて、清水屋さんですと洋服の店舗がいろいろ一緒になっていて雰囲気がつかみにくいと思うのですが、その点についてはどのように改善していったらよろしいでしょうか。

司会　ありがとうございます。ただいまの質問に対して、回答をお願いいたします。

報告1　同じフロアに何店舗もあるのは東京と一緒なのですが、その中でも区切りを付けるた

---

(58)　ファッションのキャラクターグッズ化。仲川秀樹、二〇〇二年、前掲書、一六五ページ参照。

(59)　担当は社会学科三年、芦澤美月。

(60)　本章の注(38)参照。

(61)　担当は社会学科三年、白井綾香。

めに、若い世代向けのお店の内装をもう少し変えてかわいらしさを出し、入りやすくすることができればよろしいかなと思います。ほかに、服だけではなくカワイイ小物も目につきやすくなるような内装にできたらイメージもかわるのではないでしょうか。

司会　ただいまの回答はいかがでしたでしょうか。

フロア6　ありがとうございました。

司会　たくさんの方々からご意見、ご指摘を頂戴いたしました。とても参考になりました。今回のご意見などを持ち帰り、今後の研究に継続させていきたいと思います。ありがとうございました。

以上で、前半の部を終了させていただきます。ただいまより、コーヒーブレイクに入ります。

第3節　ミニ・ファッションショー

1　ミニ・ファッションショーの目的

〈ファッションショーの試み〉

司会　後半の部のスタートです。「デパコレクション―ミニ・ファッションショー―」です。

こちらの趣旨といたしまして、大都市に出かけなくても清水屋店内のアパレルショップで

おしゃれスタイルが完成するという一つの試みです。それでは、二名の学生に登場していただきます。どうぞ。(62)

ただいま登場いたしましたのは、社会学科四年、畠中理沙さんです。足元のストッキングにもご注目ください。続きまして登場していただきますのは、社会学科三年、森下奈美さんです。こちらもストッキングにご注目下さい。二人が着用しているこちらのお洋服は、2Fのアパレルショップ、オンワード「組曲」のお洋服でございます。(63)そして、本日はアドバイザーといたしまして、オンワード担当の後藤奈々さんにお越しいただいております。どうぞ。

2　ミニ・ファッションショーの解説

司会　本日は解説よろしくお願いいたします。

〈ファッションの解説Ⅰ〉

アドバイザー　マリーン5清水屋2F婦人服売場で組曲と23区を担当しております。今日はよろしくお願いいたします。早速ですけれども、組曲のファッションコーディネイトを二つご紹介したいと思います。最初にモデル1です。

今年の春夏まで流行しておりましたパンツスタイルから、この秋はスカートのスタイリングに変わってきています。組曲ではこういったふんわりとした、一見スカート風なのですがキュロットになっています。こうしたカワイイ感じのスタイリングも提案しております。このようなスカートスタイルに、今年は襟元にキラキラのビジューをあしらったブラウスとかカーディガンなどのアンサンブルを組み合わせています。定番ではあるのですが、どこかか

(62) ミニ・ファッションショーモデル、社会学科四年の畠中理沙、社会学科三年の森下奈美。

(63) 2Fヤングカジュアル、オンワード「組曲」ブランドから学生用にコーディネイト。

わいらしい女の子のスタイリングがおすすめです。

こちらのブラウスなのですが、襟元が二枚になっていまして、取り外すとシンプルな一枚生地の白いブラウスになります。組み合わせとしては、ジャケットのインナーとして、また上からコートを重ねていただければ、冬までOKなコーディネイトになると思います。本当にかわいく着こなしていらっしゃいます。

司会　ありがとうございます。続きまして、畠中理沙さんのスタイリングの説明をお願いいたします。

〈ファッションの解説Ⅱ〉

アドバイザー　こちらはですね、ニットにスカートをあしらっているのですが、一見別々に見えるのですが、実はつながっていまして、ワンピースになっています。ニットとポリエステル素材の、異素材どうしの組み合わせのワンピースも結構雰囲気があります。一枚でおしゃれを楽しめるスタイルを提案しております。襟元も取り外しができますので、シャツを一枚重ねて雰囲気を変えてもスタイリングできると思います。

同じように、首元のキラキラの短いネックレスなのですが、パーティー仕様で使えそうなネックレスをあえて普段着でつけていただいて、普段仕様で、ちょっとクラシカルなイメージというか、女の子らしいスタイリングをイメージしております。全体的にモノトーンでシックなのですが、今年のトレンド色となりますパープルやブルー系も結構人気がありますので、小物のバッグにそういったトレンド色をもってきて、重くなりすぎないスタイリングの提案もおすすめです。

司会　後藤さんありがとうございます。お二人の足元に注目していただきます。こちらのストッキングは1Fの靴下館で購入したものになります。(64)モデルさんからポイントを伺ってみましょう。

〈モデルからのコメント〉

モデル1　はい、こちらは近くでみると分かりやすいのですが、全体的にキラキラしていて、ラインストーンも散りばめられていてゴージャスな作りになっています。なので、お洋服がシンプルな時でも脚にポイントを置いて素敵なコーディネイトができあがると思います。

モデル2　ストッキングは、まず黒いものにしようか、こちらの（白いもの）にしようか迷ったのですが、白を使うことで靴と色を合わせて脚が少しでも長く見えるようにコーディネイトさせていただきました。また、上のワンピースが黒ですので、ワンポイントの柄も同じように黒で統一感を出しました。（柄のデザインは）花柄に蝶の柄なのですが、似合うかなと思いまして選ばせていただきました。

司会　ありがとうございます。こちらの二人のお洋服をみた感想を伺っていきたいと思います。では、学生の皆さんからいただけますでしょうか。

討論2　本日はありがとうございます。私は来年から社会人になるのですが、普段はカジュアルな格好ばかりしていたので、今回のスタイルはとても参考になりました。シャツというと本当に固いイメージだったのですが、ビジューがついているので、こういったシャツを使ってコーディネイトしていけたらとてもかわいくなるなと思いました。

司会　ありがとうございます。他の方はいかがでしょうか。

討論1　解説を伺って襟元がカワイイと思いました。私もこれから社会人になるのですが、お仕事用と休日用が使い回せるというのがとても魅力的に思いました。ありがとうございまし

(64)「CECIL Mac bee」などのブランド商品多数。

た。

司会　では、前の方にマイクを渡していただいて、お願いいたします。

討論3　私はまだ三年生なので就職は先になるのですが、畠中さんがつけていらっしゃるネックレスは普段使いにもパーティー使いにもできるということで、普段のおしゃれなアクセントになるということなので参考になりました。ありがとうございました。

プレ報告　本日はありがとうございました。私も来年から社会人になりますが、森下さんの方のキュロットはスカート風で、ふわっとかわいらしく見えます。それでいてキュロットで動きやすいという面もあり、オフィススタイルの参考にさせていただきたいと思います。ありがとうございました。

司会　それでは、本日のアドバイザーでいらっしゃる後藤奈々さんのファッションについてもお伺いしたいと思います。襟元のビジューということで、本日のワンピースはいかがでしょうか。

〈アドバイザーのファッションについて〉

アドバイザー　そうですね、お二人のファッションを意識してコーディネイトしました。シンプルな形ですが、襟元にポイントがあるだけでちょっと華やかな雰囲気が出ます。お仕事でも差し支えないかと思いますので、これからチェックされる方にもおすすめしたいと思います。

司会　ありがとうございました。モデルは畠中理沙さん、森下奈美さん、そしてアドバイザーといたしまして、オンワードの後藤奈々さんでお送りしました。大変ありがとうございました。

（アドバイザー退場、モデル退場）

第4節　ファッション・コミュニケーションという視点

1　中心市街地から発信するメディア文化

司会　それでは、最後に総括にうつります。「ファッション・コミュニケーションの発信」、お願いいいたします。

〈中心市街地研究の前提〉

本日はシンポジウム共通テーマに多大な関心をお寄せいただくとともに、ご多忙のなかご出席いただき、本当にありがとうございました。中心市街地の研究も一〇年になり、多方面から街をみるようになりました。(65) 毎年申し上げるのですが、中心市街地の活性化という研究は全国各地でいろんなスタイルや方法論で論じられています。しかし、はっきり申し上げると具体性がないのです。ここではその内容はあえて取り上げませんけれども、私たちはとにかく具体性のあるものを提示しなければいけないというのが非常に重要だと思っています。

社会学という学問は、社会科学のなかでも実証科学と言われています。たとえば、理論的な仮説を立て、それをどのように検証するかにかかっています。私は酒田出身で、幼いころから中心市街地中町のシンボルとして清水屋があって、太田シェフの食堂がありました。幼い頃、中町に出かけて、清水屋のお子様ランチで育ちました。東京に負けないシルバーのプレート、そこには旗が立っているというのを、幼い時から経験しました。それが中町であっ

(65) 中心市街地の活性化研究からはじまり、商店街アイドル研究、中心市街地の現状、百貨店問題まで。

た、中心市街地であった、清水屋百貨店であった、そういうことに関してはこれまで申し上げたとおりです。

〈研究の根拠〉

そのような中心市街地の賑わいも、時代の変動により、そこから浮上した中心市街地の問題にここで取りかからねばならない時が、いまなのです。実証科学としての社会学ゆえに、その問題や課題を、検証しなければいけません。その検証として、今回のシンポジウムのいくつかの根拠になっているのは、酒田市内の高校生八〇〇人調査、それからアンケートおよびヒアリングを含めて、社会調査法の正確な方法論を用いておこなった結果、ほぼ正確な数字を出しました。

二年前になります、日本経済新聞が「中合清水屋店」撤退のニュースを流して、そして翌日、山形新聞が詳細に記事を紹介しました。それまで地元で言われ続けてきた「清水屋」に関するくすぶり続けた問題がたくさん出てきました。私たちは、中心市街地の一つのスタイルとして清水屋問題にシフトして、「清水屋のシンボル」という問題と、「百貨店の重要性」という問題を二〇一一年のシンポジウムで取り上げました(66)。

〈研究テーマの変遷〉

そして今度は、具体的にこれまで「おしゃれやファッションの研究」を地元の高校生を対象にした実証研究も実施しました。地元の高校生にしてみれば、中心市街地におしゃれな空間が欲しいと。そして百貨店のなかにそういう空間が必要じゃないかという意見から、今回のテーマにつながりました。

中心市街地研究一〇年のあいだ、いろんなスタイルを模索しながらセットアップしてきま

(66) 中心市街地のシンボルとして、百貨店の重要性と存在価値は、中町の本質にかかわる問題。

した。その検証の過程で、ファッションあるいはおしゃれとかを、中心市街地と具体的にどう結びつければよいのかを考えてきました。成澤社長が実践という言葉を使われますが、社会学はやはり実証科学でありますから、理論から実践とつながっていくのですね。「社会学は社会で役に立つのか」というのは、それを解明することを重要な大きな目標にしています。理論と実践からどのように帰結するかということを研究成果に求めようとしています。

2 ファッション・コミュニケーションの発信

〈ファッションとコミュニケーション〉

先ほど、「ファッション」という言葉と、「コミュニケーション」という言葉と、それから「文化」という言葉を用いてまいりました。ファッションというのは先ほど申し上げたとおり、コミュニケーションも先ほど申し上げたとおりです。そして、「ポピュラーカルチャー」イコール「メディア文化」は、多彩なスタイルでイコール「エンタテインメント」、一言で「娯楽性」です。娯楽性の高いスタイルというのがエンタテインメント、それは料理教室からはじまって、あるいはアミューズメント、プリクラ、それらを告知しての広報活動がなされてきました。

〈告知活動と広報活動の見直し〉

ただ、今回大きな課題となりましたのが、シンポジウムで研究報告をするのも重要ですが、シンポジウム開催そのものの告知に関する広報活動・情報発信の必要性です。これは先ほど、地元メディア関連企業代表で酒田桜門会の平野宣会長からのお言葉でした。どうしても理論を中心にしながらそれを実証的に検証していくというスタイルをとってきたシンポジウムですが、実際、参加してくださる方がいての研究報告でもあります。しかし、日本大学の先輩でもあります平野会長から、もっと情報発信の仕方があるんじゃないかと。もっと広報活動の努力は必要とのご指摘でした。シンポジウムの告知についての広報活動をも今後見直していきたいと思います。

〈フィールドワークの困難性〉

毎年申し上げているのですが、今回も学生はこのシンポジウムを中心とするフィールドワークに自己負担して参加しております。これは結構な額なのですね。とくにこの数年のバス代の高騰は驚くべきものがあります。参加費用を考えると、結構多方面な旅行が可能です。このゼミの学生は、入室した時点でフィールドワークを実施し、学生の自己負担を承諾してもらっています。どこかから援助をもらって観光気分で訪れ、自分たちの仲間を呼んで何か事実を残し、それでやりましたというスタイルは好ましいとは思いません。参加人数は少ないでしょうが、研究内容を理解してくださる方から、実質的なご意見を頂戴し、それを実行していくことがもっとも必要で大事なことだと思います。それが私たちとしてはつぎの研究に続きます。しかしそれでも、今日は重要な指摘がありましたので、広報活動や告知を含めて、研究内容の発信に努力することは大切なことだと痛感しております。

〈あらたな課題を克服して〉

東京と酒田との間は五〇〇キロあります。私は慣れているのですが、地方でフィールドワークをする場合、多くの物理的な問題があったりして、どうしても地元の大学のようにはいきません。時間の問題がありまして、頻繁に学生たちが訪れ、研究云々ができないのですね。

三つのグループに分けて、酒田に滞在して、衣食住をカバーして、結構このスタイルでもいろいろな問題をみつけだしています。先ほどの平野会長のご指摘のように、具体的に教えていただければ、今後役立つことが多いです。そして、高橋まちづくり推進センター長をはじめとして、行政の方々にもいつも広報活動にご協力をいただいたりして、本当に感謝しながらやらせていただいています。私はどうしても活字で育った人間で、新聞とかメディアというものに対して非常に思い入れが強いものですから、どうしてもそちらが中心になってしまいます。もっと他の広報活動も取り入れて進めていきたいと思います。

センター長には毎年ご覧になっていただいていて、昨年よりはとお褒めいただき、昨年より「パワーポイント」もまとまっているのかなと思いました。ただ、質疑応答に関しましては、どうしてもサポートの仕方という問題があります。学生たちは結構一生懸命やっていたと思いますが、そういう部分でまだまだ未熟な点はお許しいただきたいと思います。本当に地元のキーパーソンの方々にご出席賜わり、このシンポジウムは重みのある空間になりました。それは非常に感謝しております。

〈「劇場型文化」に内在するファッション・コミュニケーション〉

マリーン5清水屋の成澤五一社長から「劇場型文化」という新しい言葉が出てきました。劇場型というと、社会学ではシアター型カルチャーとでもいいましょうか、そのシアターというのはドラマという部分があるので、劇場というのはイコールドラマと。音楽のセミプロだった成澤社長の基本的な考えの部分もあるかと思いました。劇場というステージはエンタテインメントの空間です。そこに集うにはさまざまなファッションをする楽しみも浮上します。そして、多くの人びととのコミュニケーションが成立します。そのような文化的スタイルこそ、「劇場型文化」、中心市街地そして百貨店、それを含めてある種のメディア環境の充実として、今後の研究を継続してまいりたいと思います。

本日は未熟な研究内容の報告ながら、長い時間お付き合いいただきかったくさんのご教示賜わりましたことを、担当教員として感謝申し上げます。本当にありがとうございました。

司会　これにて、二〇一三年第五回中町シンポジウムを終了いたします。長い時間、ご静聴ありがとうございました。

〈**参考文献**〉

・仲川秀樹、二〇一二年『コンパクトシティと百貨店の社会学―酒田「マリーン5清水屋」をキーにした中心市街地再生―』学文社
・仲川秀樹、二〇一〇年『おしゃれとカワイイの社会学―酒田の街と都市の若者文化―』学文社
・仲川秀樹、二〇〇二年『サブカルチャー社会学』学陽書房
・仲川秀樹、二〇〇六年『もう一つの地域社会論―酒田大火三〇年、メディア文化の街ふたたび―』学文社
・仲川秀樹、二〇〇五年『メディア文化の街とアイドル―酒田中町商店街「グリーン・ハウス」「SHIP」から中心市街地活性化へ―』学陽書房
・仲川秀樹、二〇〇四年「地方都市活性化の試みと世代間にみる影響の流れ―酒田・中町商店街活性化のプロジェクト意識をめぐって―」『日本大学文理学部研究費研究報告書』日本大学文理学部

第7章 ローカル百貨店をめぐる実証研究

第1節 二〇一二年フィールドワーク（予備調査）

1 予備調査の開始

♠コンパクトシティの街

二〇〇三年に開始したフィールドワーク、その対象地域は、山形県酒田市中町エリア。ここは酒田市の中心市街地であり、二〇〇五年に「メディア文化の街」と規定し、二〇一二年に「コンパクトシティ」と位置づけた。コンパクトシティとは、「その地域の中心市街地として、行政機関や商店街機能が存在し、ローカル・コミュニケーションも成立する利便性の構築された街」と規定した。(1) そこは第一次的な人間関係と徒歩による日常生活が可能であり、基本的なライフ・スタイルを充足する空間である。具体的には、大規模な医療機関とスーパー、そしてエ

(1) 仲川秀樹、二〇一二年『コンパクトシティと百貨店の社会学―酒田「マリーン5清水屋」をキーにした中心市街地再生―』学文社、六ページ。

ンタテインメント機能をもつ百貨店環境が備わっているエリアを指した。

コンパクトシティのポイントは、百貨店にあった。つまり、よくいわれるコンパクトシティでの利便性というもの以外に、娯楽的な環境であるエンタテインメントを発信する場所が不在しているなら、その街の魅力は半減してしまう。安全・安心に生活ができる環境には、当然のようにそうした機能が必要となろう。

そこでコンパクトシティの鍵を握る中心市街地の百貨店、「マリーン5清水屋」の役割を再検証するための実証研究を実施することになった。中町での九年目のフィールドワークである。二〇一二年フィールドワークは、コンパクトシティに必要なエンタテインメントを発信する百貨店のファッション性を中心に検証することになった。中心市街地については、二〇〇九年に酒田市の高校生八〇〇人を対象におこなった調査研究がある。その調査結果からの実際どのように適応させていくかという課題も合わせてみることにした。

♠予備調査のポイント

二〇一二年の調査は、五度目となる中心市街地中町でのフィールドワーク、共通テーマは、「コンパクトシティと百貨店のファッション性」である。過去のフィールドワークで酒田市の状況、中町の特徴、百貨店のスタイルなどは、先輩たちから継承してきたものの、現況の理解は、直接、街を訪れないと理解するのが難しいこともあり、予備調査から開始する例年のスタイルとなった。

予備調査の大きなポイントは、この二月に、「中合清水屋店」から中合が撤退した。三月に、「マリーン5清水屋」としてプレオープンして、あらたな百貨店業を引き継いだ。プレオープンしたばかりの清水屋を対象とするために、これまでにない、視点から検証するという作業になった。この経緯については、別の著書でまとめたので詳細はそちらに譲りたい。ただ、独自の運営スタイルにて新百貨店を開始した清水屋を中心に考えるということは予備調査でも重要なことになった(2)。

いずれにしろ二〇一一年年明けの中合撤退報道から、フィールドワークの共通テーマを百貨店に切り替え、その重要性と存在価値など、中心市街地中町になくてはならない施設として、研究対象にしてきた過程がある。それから一年、実際に撤退し、プレオープンした状況を今回の予備調査のポイントにしたのはいうまでもない。それがこれまでにない新しい地方百貨店として、地元の声をどのように運営に反映していくのかに興味の対象は移った。その対象としたのが「百貨店のファッション性」である。ファッションについての概念と本書で使用する立場については第一章と第二章で述べたとおりである。その理論的部分がどのように実践されてきたのか、そしてあらたな課題とは、それを検証するための予備調査である。

2 予備調査「ユニット1」

♠地元の中心市街地を知る

今回もゼミ長を代表とするユニット1から予備調査がはじまった。三年ゼミ生三名でユニット1を構成する。二〇一二年五月一八日(金)～二一日(月)までの三泊四日の日程である。今回は四〇〇年の伝統を誇る「酒田まつり」に合わせた予備調査となった(3)。その行程をたどってみる。

(2) 「マリーン5清水屋」のプレオープンはこれまでの「中合清水屋店」とは全く別の店舗と位置づける。

(3) 通常は、週末にかけての日程を組むが、酒田まつりは日程が固定されている。

五月一八日(金)、例年のとおり、一二時一五分に日本大学芸術学部を出発する。関越自動車道から東京外環自動車道、東北自動車道を走り、一四時に上河内SAで休憩。福島松川PAで最近見直されてきたハムカツを食べて、一八時五〇分に酒田に到着、宿泊先の酒田グリーンホテルチェックイン。

一九時一五分、ホテルを出て、酒田市役所の獅子頭前で写真撮影。一九時四〇分、「伊豆菊」にて地元の食材での夕食。二一時、カクテル「雪国」考案者で伝説のバーテンダー井山計一氏の「ケルン」へ。井山マスターに挨拶して、カクテルをお願いしながら、酒田の歴史、中町の特徴などカウンターをとおしてお話を伺う。二二時三〇分、ホテルへもどる。

♠中心市街地のメディア・スポットをまわる

五月一九日(土)、九時一五分ホテルを出る。山居倉庫へ、ここは酒田を代表するスポット、現役の米蔵はめずらしい。定番の欅並木で写真撮影。

一〇時、「マリーン5清水屋」入店、太田敬GM、辻繁記GMと名刺交換。一〇時一五分、菅原種生常務に挨拶。「POEm」で本日のタイムテーブル確認。清水屋全体の説明など。

一一時一五分、「相馬樓」、港町酒田の料亭文化を残す施設、一二時、舞娘弁当の昼食、一二時三〇分、酒田舞娘の踊り、恒例の写真撮影と名刺交換。舞娘坂から映画館「港座」をまわる。

一三時三〇分、清水屋、新規開店した大型書店「宮脇書店」(4)の説明、佐々木健GMに挨拶。

一四時一五分、喫茶「さざんか」休憩、調査内容の確認。

一四時三五分、「荘内日報」堀裕記者の取材。今回の予備調査の目的、秋のシンポジウムとの関連など、学生が答える。

(4) 五月一七日にオープンしたばかりの最重要エリア。

一六時四〇分、酒田まつり出店状況検証、映画「おくりびと」メインロケ地、「旧割烹小幡」、音響会社KETYの関浩一代表の案内。それから日和山公園、酒田まつりメインステージへ。

一八時二五分、清水屋「POEm」にて、本日の確認作業。店内「うめの花」にて、辻GMから説明を受ける。二〇時、ホテルへもどる。

♠伝統イベント「酒田まつり」パレード参加

五月二〇日(日)、四〇〇年の酒田まつり、いわゆる本まつり当日、八時四〇分に、地元老舗カメラ店「七桜」にてプリントなどの依頼。それからホテルへもどる。

一一時、ホテルを出る。一一時一〇分、酒田市役所前広場。獅子頭全八体がすべて揃う時でもある(5)。大学OB酒田桜門会、酒田南高等学校の武内重昭教諭に挨拶。酒田市役所奥山栄一氏挨拶、獅子頭の説明を受ける。

一一時二〇分、マリーン5清水屋入店、「POEm」にて昼食。一二時一〇分、マリーン5清水屋、成澤五一社長に挨拶。今回の予備調査、ゼミ長から、秋のシンポジウムの趣旨などを報告、成澤社長にシンポジウム登壇のお願い。一二時二〇分、パレード控室、担当の辻GMから説明と打ち合わせ。

一三時、酒田まつり、山車パレード開始。清水屋山車ブースにて、チラシ、キャンディーを沿道の子どもたちへ配布しながら、市内を巡回。一五時、山車パレード終了(6)。関係者挨拶解散。

一五時四五分、中心市街地フィールドワーク、百貨店内検証。

一八時三〇分、JR酒田駅内「清川屋」にて、庄内伝統民芸品、御殿毬購入。ドラマ「多摩湖畔殺人事件」主要ロケ地および番組登場品のために、検証を兼ねる(7)。

---

(5) 酒田獅子頭全八体の勢ぞろいは年に一度の酒田まつりのみ。

(6) 酒田まつりに合わせたはじめての予備調査、酒田まつりパレード参加もはじめての試み。

(7) ドラマ「多摩湖畔殺人事件」(フジテレビジョン、二〇〇七年八月三一日OA)一九九五年のリメイク版における「JR酒田駅」スポット。

一八時四〇分、酒田老舗フランス料理店「ル・ポットフー」にて、食事。食の文化酒田を代表とするフレンチのお店。地元産食材中心にしたフレンチは、一九七〇年代に大きな話題となり、今日までいたる。二〇時四五分に出て、二一時、ホテルへもどる。

♠戸沢村経由で東京へ

五月二一日(月)、九時に酒田グリーンホテルをチェックアウト、酒田を発つ。学生の要望があり、R47から、最上郡戸沢村へ(8)。

一〇時、戸沢村役場、渡部秀勝村長、岸利吉総務課長、前田公平産業振興課長による、村文化の説明を受ける。韓流ブーム以前からアジア文化を取り入れた、村の振興策を紹介していただく。村内施設「高麗館」にて、ブランチをとり、一一時四〇分に出る。

R13から山形道に乗り、古関PA、東北道安積PA、大谷PAで休憩し、一八時、東京にもどる。

♠「ユニット1」のポイント

四〇三年の歴史をもつ「酒田まつり」に合わせた予備調査ははじめてだった。創始四〇〇年本まつり前夜、二〇〇九年五月一五日から一八日の予備調査時は、まさに酒田まつり前日、東京にもどった。それ以来、酒田まつり当日に滞在できたのははじめてのこと。そして、メインのパレードに参加したのは画期的な経験となった。

同時に、酒田まつりが開催されるのは、中心市街地の中町商店街、パレードの出発は、マリーン5清水屋百貨店前、ここがポイントである。酒田の歴史は、この中心市街地にあること。

---

(8) 日本の韓流文化の草分け。

ここを訪れることは、よそ行きのスタイルである「中町ファッション」と呼ばれ、おしゃれをするエリアであった。その商品こそ、清水屋店内でコーディネイトする意味を考えたい。「百貨店のファッション性」を共通テーマにする趣旨をここから理解して欲しい。今回の予備調査は、酒田でもっとも中心市街地に人が集まる、酒田まつりの期間であること。あらためて、中心市街地中町の位置づけを確認することができた。(9)

3 予備調査「ユニット2」

♠酒田市内の全体を把握する旅へ

予備調査の第二陣となるのは三年ゼミ生三名。六月八日(金)〜一一日(月)、三泊四日の日程で実施する。

六月八日(金)、第一グループ同様、一二時一五分に日本大学芸術学部を出発。関越道から外環、東北道に入る。一四時、上河内SAにて休憩、軽食。一五時四〇分に、福島松川PAでハムカツを味見する。山形道に入り、一七時一五分、寒河江SAにて最後の休憩。一八時四〇分、酒田到着。酒田グリーンホテルチェックイン。

一九時一五分、ホテルを出て、酒田市民会館希望ホール、酒田市役所、獅子頭前で恒例の写真撮影。一九時四〇分、地元のお店、「伊豆菊」にて夕食。二〇時三〇分に出て、喫茶「さざんか」にて、マスター矢野博見氏手作りのケーキで、酒田の近況などを伺う。二二時、ホテルへもどる。

(9) 中町が酒田の中心市街地である事実を確認できる時。

◆中心市街地から周辺地域をまわる

六月九日（土）、九時一五分、ホテルを出る。恒例の山居倉庫をまわり、欅並木のスポットで写真撮影。ホテルへもどり、車にて、日和山公園から、酒田港方面をまわる。酒田の海岸線を知ってもらうため。

一〇時、「マリーン5清水屋」入店、太田敬GMに挨拶。菅原種生常務挨拶と名刺交換。「POEm」で休憩し、本日の行程を確認。一一時から、清水屋店内を集中的にまわる。昼食も、「POEm」のランチ。

一二時五〇分、清水屋を出て、今度は山側、平田町へ。今回予備調査の三年ゼミ生が、中学生の時、ホームステイで平田町に滞在した関係から、「平田めんたま畑」へ(10)。農産物などをチェック。「飛鳥仁王様」「飛鳥神社」を参拝して、酒田市内へもどる。

一四時四五分、中町「ケルン」で休憩、井山多可志氏特製チョコレートパフェ。一五時四五分、ホテルへもどり、自由行動。

一八時一五分、ホテルを出る。一八時三〇分。レストラン「ル・ポットフー」にて夕食。ユニット1同様、地元産のフレンチ。

◆中心市街地の主要スポット検証

六月一〇日（日）、八時一五分、卒業したゼミ生に送るために、JR酒田駅ホームにある獅子頭「舞ちゃん」の撮影。八時三五分、中町「七桜」でプリント依頼。

一〇時、ホテルをゼミ生たちと出る。酒田北港、風力発電をまわり、日和山公園周辺。

一一時、映画「おくりびと」メインロケ地、「旧割烹小幡」館内を関係者に案内してもらう。

---

(10) 庄内平野に面する平田町は「赤ネギ産地」などで有名。産直広場。

一一時二五分、「相馬樓」、樓内施設、酒田伝統の土人形などをみる。舞娘膳の昼食。一二時三〇分、酒田舞娘の踊り、写真撮影、名刺交換。京文化とのつながりを関係スタッフから聴き取る。舞娘坂から日枝神社をまわる。

一三時、「海向寺」、即身仏の説明を受け、参拝。住職夫人から、ドラマロケの状況なども合わせて伺う。(11)

一三時三五分、酒田市内中学校、高等学校の制服を提供する「中町フルール」太田拓社長から、酒田市内高校生制服状況と、私服でのスタイルなどの説明を受ける。

一三時五五分、中町で産直をあつかうお店として、オープンしたばかりの「中町マルシェ」、スタッフの藤波雄裕氏から説明を受ける。

一四時一五分、ジェラート「モアレ」、マスター菅野信一氏に挨拶。これまでのフィールドワークの経過などをゼミ生に語っていただく。中心市街地で唯一、中高生が大勢集まるお店。過去のフィールドワークで何度も意見を伺った場所。一〇月のシンポジウムでは、マスター菅野氏に討論者として登壇してもらうための挨拶も兼ねる。(12)

一四時五〇分、マリーン5清水屋、成澤五一社長へ挨拶。シンポジウムについて、ユニット1に続いて、報告要旨の依頼。一五時三〇分、佐々木健GM挨拶。

一四時四〇分、「POEm」休憩、本日までの予備調査内容整理。一六時五〇分、店内で、老舗漬物店「梨屋」、斉藤真代表挨拶。例年のシンポジウムに参加して、意見をいただくことで、秋のシンポの案内を兼ねる。

一七時二〇分、JR酒田駅「清川屋」にて、庄内民芸御殿毬購入。ユニット1と同じく、ドラマスポットの説明。本日、伺った、海向寺さんのドラマと同じ作品のロケ地。

---

(11) 注(7)における「海向寺」スポット。ドラマ「多摩湖畔殺人事件」(フジテレビジョン、一九九五年九月一五日OA版)も同スポット。

(12) 中心市街地で唯一若者の集まるお店として君臨。

一八時、レストラン「ロアジス」、マリーン5清水屋が、百貨店業を継承し、プレオープン最大のウリにしたレストラン。太田政宏グランシェフのお店。地元産フレンチのコース、太田グランシェフへ挨拶、名刺交換、写真撮影。

一九時三〇分、中町モールにて、関浩一氏、ゼミ生挨拶。秋のシンポジウムでの音響関係をサポート。

一九時五〇分、酒田市役所獅子頭、新井田川の屋形船前にて写真撮影。本日の、ドラマロケスポットまわり完結する。(13) 二〇時、ホテルへもどる。

♠秋のシンポジウムに向けて

六月一一日(月)、九時、酒田グリーンホテルをチェックアウト。酒田滞在を終え、山形道に乗り、東京に向かう。一〇時三〇分、寒河江SAにて、さくらんぼソフトクリーム、さくらんぼラムネ購入。ここは全国有数のさくらんぼの産地である。

一四時、東北道大谷PAにて休憩、鬼怒川サイダー。一六時、新宿西口到着、解散。

♠「ユニット2」のポイント

中心市街地から、周辺地域、酒田港、酒田北港、コンビナート、庄内平野、平田町など周辺地域をまわることになった。ユニット1は、酒田まつりの関係から中心市街地に絞ったため、ユニット2は、周辺地域をみることで、酒田の全体をある程度、把握してもらいたい意図があった。予備調査は今回がラストのため、秋のシンポジウムに向けて、準備しなければならない部分、報告者、討論者の役割などを確認するための作業もあった。

---

(13) 注(7)における「新井田川屋形船」スポット。

百貨店のファッション性を理解するための、文化的側面、レストランなど、トータルコーディネイトとしての、環境を知ってもらう時間となる。プレオープンの大きな目玉でもあったレストラン「ロアジス」のランチは、連日行列になっているため、夜のディナーはぜひとも味わってみたかった。それが実現できたことで、レストランの位置づけを確認することができた。(14)

それから、メディア・スポットとしてのエリアを可能な限り検証して、メディア文化の街を再確認することにもなった。短い滞在ながら、いつも思うのは、これまで九年間のフィールドワークで先輩たちが検証してきた内容を継承できたこと。そこでまた生まれたあらたな課題を入れて、それを実証的にまとめていくこと。今回もこの作業の繰り返しであった。

第2節　二〇一二年フィールドワーク（本調査）

1　五度目を数える酒田フィールドワーク

♠地方都市の百貨店研究第二弾

五月の酒田まつりの予備調査からはじまった、二〇一二年フィールドワーク、その本調査を迎える。「中心市街地シンボルのゆくえ─百貨店の重要性と存在価値─」をテーマにした、昨年の本調査に続いて、中心市街地の百貨店研究第二弾「コンパクトシティと百貨店のファッション性」をメインとする本調査である。(15)一〇月四日（木）から八日（月）までの四泊五日の日程

(14)　プレオープンの「食」の目玉の一つ、レストラン「ロアジス」に入店。

(15)　二〇一一年「中合清水屋店」撤退報道を受け、中心市街地のシンボルの必要性をテーマに「百貨店研究」へシフト。

である。予備調査メンバーを含めて、本調査は、三年ゼミ生一〇名である。

一〇月四日（木）、一〇時、貸切バスにて、日本大学文理学部を出発。首都高、東北道に乗り、一一時、羽生PAにて休憩。一三時一五分、安達太良SAにて昼食休憩。山形道に入り、一六時、寒河江SAにて休憩。一七時一五分、酒田到着。酒田グリーンホテルチェックイン。

一七時五〇分、ホテルを出る。一八時、「マリーン5清水屋」、成澤五一社長、太田敬GMへ挨拶。本調査、イベントホール使用、シンポジウムなどのお願い。

一八時三〇分、中町「浪漫亭」、中町中和会振興組合の脇屋直紀理事長へ挨拶。関浩一KETY代表合流。浪漫亭で、山形名物芋煮、庄内版（豚味噌味）、内陸版（牛醤油味）二種類の芋煮にて、地元酒田の夕食(16)。二〇時三〇分に出て、二一時、ホテル着。

♠プレオープンの「マリーン5清水屋」

一〇月五日（金）、九時一五分、ホテルを出る。山居倉庫、欅並木で全員写真。

一〇時、清水屋開店、太田GM、辻繁記GM挨拶、全員写真。一〇時一五分、シンポジウム会場の6Fイベントホールにてサブゼミ開始。本調査タイムテーブル、シンポジウム準備事項、中町調査、清水屋店内再検証など。

一三時三〇分、酒田市役所、市長室、丸山至総務課長（市長職務代理）へ表敬訪問、本間義紀危機管理室係長同席。ゼミ長より、今回の本調査の研究内容を説明する。

一四時三〇分、平野新聞舗、平野宣代表取締役へ挨拶。大学OB酒田桜門会会長でもあり、過去のシンポジウムに出席いただき、その様子などのアドバイスを受ける。

一五時、「梨屋」、斉藤真代表へ、広報活動のお礼の挨拶。

---

(16) 酒田の秋は「芋煮」シーズンのため、庄内風と山形風を味わってもらう。

一五時三〇分、清水屋へもどり、佐々木健GMへ挨拶。一六時、サブゼミ再開。

一七時、「モアレ」菅野信一代表と打ち合わせ。一七時三〇分、サブゼミ終了、解散。

一八時、関KETY代表と、モアレで食事。二〇時、ホテルへもどる。

♠シンポジウムリハーサル

一〇月六日（土）、九時一五分、ホテルを出る。九時三〇分、清水屋。開店前ため、従業員入口からの入店。6Fイベントホールへ。九時四五分、サブゼミ、全体確認。

一一時三〇分、「越後製菓」午前の部、餅つき大会手伝い。(17) 一一時四五分、フリー。

一二時、希望学生と、ケルン。一二時四〇分、港座まわる。

一三時、シンポジウムリハーサル前半。

一四時、「越後製菓」午後の部、餅つき大会手伝い。

一五時、シンポジウムリハーサル後半。一六時一五分、リハーサル終了。フリー。

一九時、ホテルへもどる。

2　シンポジウム

♠第四回中町シンポジウム開催

一〇月七日（日）、ホテルを出る。九時三〇分、清水屋。昨日と同じく開店前のため、従業員入口から入店する。6Fイベントホールへ。シンポジウムの準備開始。報告者・討論者など各自の役割分担に応じて対応。

(17)　グランドオープン記念のイベントとして、新潟「越後製菓」の餅つき大会開催。

一一時、シンポジウム最終確認。

一二時三〇分、第四回中町シンポジウム開催、共通テーマ「コンパクトシティと百貨店のファッション性」。一五時三〇分、シンポジウム終了。関係者写真撮影。シンポジウム参加者への挨拶。

一六時三〇分、シンポジウムあとかたづけ、ホテルへ荷物を運ぶ。

一八時三〇分、清水屋エントランス、閉店に立ち会う。

一九時、レストラン「ロアジス」、シンポジウム関係者、清水屋関係スタッフの方々と意見交換懇談会開催。二一時、終了、写真撮影。二一時一五分、ホテルへもどる。

♠二〇一二年フィールドワーク終了

一〇月八日(月)、本調査全日程終了し、九時に、酒田グリーンホテルチェックアウト。酒田を出る。山形道に乗り、寒河江SAで休憩、東北道安達太良SA、佐野SAで休憩。羽生PAで近くの学生二人が下車。

一七時一〇分に、日本大学文理学部に到着する。二〇一二年フィールドワーク終了。

第3節　二〇一三年フィールドワーク（予備調査）

1　予備調査「ユニット1」

♠ファッションとコミュニケーションの旅

あたらしいゼミ生と、二〇一三年フィールドワークを開始する。予備調査ユニット1は、ファッションとコミュニケーションに関心の高い、ゼミ長を代表とした三年ゼミ生三名により、五月一八日（土）から二一日（火）、三泊四日の日程で実施された。昨年に続いて、酒田まつりに参加するために、日程を一部変更しての予備調査となる(18)。

五月一八日（土）、八時五〇分、日本大学文理学部を出発する。首都高から東北道に入り、一一時、上河内ＳＡにて休憩、昼食。一二時一五分、安積ＰＡ休憩、一三時、国見ＳＡ休憩。山形道に入り、一四時一〇分、寒河江ＳＡ休憩、さくらんぼソフトクリーム。一六時、酒田到着、酒田グリーンホテルチェックイン。

一六時三〇分、ホテルを出て、山居倉庫、欅並木にて写真撮影。

一七時、「マリーン5清水屋」入店、成澤五一社長へ挨拶、名刺交換。今回の予備調査、一〇月のシンポジウムなどについて、報告する。成澤社長から、清水屋グランドオープンの状況などの説明を受ける(19)。今回のゼミ生たちは、ファッションへの関心が高く、積極的なひと時となった。一七時五〇分、今年の酒田まつりの神宿へ、そこで佐々木健ＧＭ挨拶。清水屋店内を

(18)　二〇一二年に続いて酒田まつりパレードに参加のため。

(19)　到着してすぐに清水屋グランドオープン状況の説明を受けて調査全開。

まわる。

一八時二〇分、「伊豆菊」にて夕食。例年のとおり、酒田の食材を知ってもらいながらの食事。今回は、酒田まつりのために、この時期欠かせない食材なども説明する。

一九時二〇分、「ケルン」へ。井山計一マスターへ挨拶、名刺交換。本格的カクテルの説明を受け、各学生にちなんだカクテルを創ってもらう。カウンターで、酒田の歴史や現在の状況などを、いつものように話していただく。二〇時三〇分、ホテルへもどる。

♠酒田まつりの中心市街地をまわる

五月一九日（日）、九時三〇分、昨夕に続いて山居倉庫をまわる。

一〇時、清水屋入店。菅原種生常務に挨拶、名刺交換。「ＰＯＥｍ」にて、本日の調査部分を確認。清水屋店内の外観をチェック。

一一時三〇分、酒田の料亭文化を再現、「相馬樓」。舞娘膳の昼食、一二時三〇分、酒田舞娘の踊り。写真撮影、名刺交換。

一三時二〇分、映画「おくりびと」メインロケ地、「旧割烹小幡」。酒田まつりで賑わう日和山公園、見世物小屋などの様子を検証。一四時、「七桜」、プリント依頼。

一四時一五分、清水屋店内全体調査。２Ｆヤングカジュアル、３Ｆミセス。料理教室ブース。一〇月のシンポジウム担当部分の検証作業。(20)

一五時、清水屋、辻繁記ＧＭ、明日の酒田まつりパレードについての打ち合わせ。

一五時三〇分、「モアレ」菅野信一マスターへ挨拶。学生フリー。一六時三五分、七桜、プリント受け取り。

(20) ２Ｆヤングカジュアル、３Ｆミセスの各店舗関係者に集中的にヒアリング。

一八時三〇分、レストラン「欅」、夕食。「ロアジス」太田政宏グランシェフが長く料理長をつとめた、酒田の伝統的フレンチレストラン。太田シェフは、「ル・ポットフー」と並び、地元産の食材を最初に調理したレストラン。

二〇時一〇分、夜の酒田まつり見物。(21)全長八〇〇メートルにわたる商店街の路地の両脇に見事な数の屋台が並ぶ様子は圧巻。日和山公園特設ステージでは前夜祭のイベントが開催されていた。「Ｍｉｃｋｅｙあめ」「ミニチョコバナナ」「いちごミルクあめ（おまけあり）」「水ぶえ」などを購入。清水屋前では、太田敬ＧＭはじめ、スタッフの皆さんが、恒例のおまつり特別販売中だった。関係者に挨拶して中町を出る。夜の酒田まつりを本格的に見物したのははじめてのことだった。二一時三〇分、ホテルへもどる。

♠ふたたび酒田まつり参加とディズニーパレード

五月二〇日（月）、九時四五分、ホテルを出る。

一〇時、清水屋入店。「山形新聞」田中大記者同行取材、２Ｆオンワード組曲後藤奈々さん。一〇月のシンポジウムで開催するミニ・ファッションショーの確認作業。(22)４Ｆキャラクターコーナー、５Ｆプリコーナーの利用客の検証作業。

一一時、「荘内日報」堀裕記者の取材。今年度の研究テーマ、秋のシンポジウムに向けてのポイントなどを説明。(23)

一二時、辻ＧＭと神宿おまいり、赤飯弁当の昼食。酒田まつりパレード準備。

一三時、酒田まつり清水屋山車パレード開始。(24)チラシ、キャンディー、グッズなどを沿道の子どもや見物の方々に配布しながらまわる。一五時、パレード終了。

---

(21)「欅」での夕食後、酒田まつりの屋台で賑わう中町商店街へ、夜の屋台、日和山公園でのステージははじめての経験。

(22)一〇月シーズントレンドなどの事前調査。

(23)長くフィールドワークの取材を担当してくださる「荘内日報」堀裕記者。

(24)酒田まつりパレード参加、ディズニー効果もあり、かってない大混雑の沿道、用意したキャンディとチラシは底をつく。

一五時三〇分、「東京ディズニーリゾートスペシャルパレード」の沿道へ向かう。菊池太前市議会事務局長、大井康之医師、武内重昭教諭ら、酒田桜門会メンバーに挨拶。

一六時、「東京ディズニーリゾートスペシャルパレード」開始。(25) 一六時三〇分パレード終了。酒田中町で、MickeyやMinnieに会えるとは思ってもみなかった。それにしても沿道の人は、酒田まつり史上最高の人出と思う。(26)

一六時三五分、喫茶「さざんか」休憩。学生フリー。七桜プリント依頼。

一八時三〇分、レストラン「ロアジス」夕食、田中記者、江袋和貴子記者同席。太田政宏グランシェフに挨拶、名刺交換、写真撮影。

二一時一五分、ホテルへもどる。

♠酒田まつりの余韻を残して

五月二一日(火)、九時三〇分、酒田グリーンホテルチェックアウト。山居倉庫をまわり、一〇時に酒田を出る。山形道に乗り、一一時三〇分、寒河江SA休憩。東北道を走り、一二時三〇分、国見SA、レストラン「峠」にて昼食。安積PAでドリンク休憩。上河内SA、大谷SA休憩。一七時、新宿到着。

♠「ユニット1」のポイント

ファッションとコミュニケーションを前面に出してくれた第一グループの酒田滞在だった。秋のシンポジウムの準備も兼ね、はじめてのミニ・ファッションショーの準備など進めることができた。食の部分はレストランや喫茶店状況も確認できた。酒田まつりパレードに二度目の

(25) 東京ディズニーリゾート開園三〇周年記念「東京ディズニーリゾートスペシャルパレード」、二〇一三年五月二〇日、一六時〜一六時三〇分。

(26) 酒田まつりディズニー効果。前年比五四％増、二三万人の人出。

参加。関係団体を把握する。ディズニーパレードの人出にはあらためて驚く。地元のどこにこんなに人がいるのだろうかと。夜の酒田まつりの賑わいを経験できたことも大きかった。中心市街地の重要性と清水屋の果たしている役割も再考できた。

2 予備調査「ユニット2」

♠百貨店の全体検証の旅

予備調査第一グループが終了してすぐに、第二グループの予備調査を開始することになった。三年ゼミ生三名の参加によるユニット2は、中心市街地と百貨店の全体を集中的に検証する旅となる。五月三一日（金）から六月三日（月）、三泊四日の滞在へ。

五月三一日（金）、一〇時四〇分、日本大学芸術学部を出発。関越道、外環、東北道と入るいつものパターン。一二時二〇分、上河内ＳＡにて昼食休憩。一四時三〇分、国見ＳＡ休憩。山形道に入り、一五時二〇分、寒河江ＳＡ休憩（さくらんぼソフトクリーム）。一七時一〇分、酒田到着。酒田グリーンホテルチェックイン。

一七時四五分、ホテルを出る。酒田市役所獅子頭前写真撮影。

一八時、「マリーン5清水屋」入店、成澤五一社長へ挨拶、名刺交換。「オンワード組曲」後藤奈々さんへ挨拶。一八時三〇分、太田敬ＧＭ、佐々木健ＧＭへ挨拶。

一八時四〇分、「伊豆菊」夕食。定番の酒田の食材を使用した料理。

二〇時一〇分、「ケルン」、マスター井山計一氏へ挨拶。カクテルの説明、酒田中町の歴史など語ってもらう。二一時一〇分、ホテルへもどる。

♠デパイチのファッション・スポット

六月一日(土)、九時一五分、ホテルを出る。山居倉庫、欅並木写真撮影。庄内米資料館。

一〇時、清水屋入店、菅原種生常務へ挨拶、名刺交換。「POEm」にて、本日の調査内容の確認。清水屋1Fデパイチ、「ミソノダイニング」オープンのメニュー調査(27)を元木繁総支配人へ。「うめの花」との比較検証。デパイチを集中的にまわる。「七桜」CDの依頼。

一一時三〇分、「相馬楼」、酒田の料亭文化の再現、舞娘膳の昼食。一二時三〇分、酒田舞娘演舞、写真撮影、名刺交換。

一三時、「港座」写真撮影。一三時一〇分、旧料亭「山王くらぶ」写真撮影。一三時一五分、映画「おくりびと」メインロケ地、「旧割烹小幡」館内をまわる。

一四時、「モアレ」、マスター菅野信一氏へ挨拶、名刺交換。清水屋デパイチとの関係、中町コラボ企画の意見など伺う。

一五時二〇分、「ケルン」、井山多可志氏オリジナルチョコレートパフェ。

一六時、清水屋店内各階フロアの検証作業。一七時、フリー。二〇時三〇分、ホテルへもどる。

♠中町商店街から百貨店調査の続き

六月二日(日)、九時四五分、ホテルを出る。山居倉庫、新酒田名物「獅子焼」販売中の中町中和会振興組合の脇屋直紀理事長へ挨拶、名刺交換(28)。

一〇時、車にて、酒田港周辺、酒田北港ターミナルなど、貿易港の一端を紹介する。

一一時、中町へもどり、酒田ラーメンの「川柳」で早めの昼食。フリー。

---

(27) 1F食品コーナーに、地元仕出し専門店御園による「ミソノダイニング」新規オープン。仕出し屋らしさの高級感ありそれで低価格のお弁当に注目。

(28) 中町中和会商店街による「獅子頭」をデザインした「獅子焼」新発売。

一三時、清水屋入店。デパイチから各フロア状況の調査。中町商店街との比較検証。

一五時、「ブラッスリーロアジス」、山形新聞田中大記者の取材。スイーツやお弁当、惣菜など、デパイチを中心にした食の部分をどのように研究対象にしていくのかなどが、取材対象となった。(29)

一六時四五分、フリー。

一八時二〇分、レストラン「欅」夕食。「ロアジス」と欅の関係。地元産重視のオリジナルフレンチ誕生の歴史など、酒田の街と食材について話しながらの食事。一九時四〇分、ホテルへもどる。

♠集中的に中心市街地と百貨店検証

六月三日(月)、集中的に百貨店の全体を検証し、継承する研究課題をみつけることができた。その予備調査第二グループの日程を終え、九時に酒田グリーンホテルをチェックアウト、酒田を出る。山形道に乗り、途中、寒河江ＳＡにて休憩。東北道に入り、一一時三〇分、国見ＳＡ。レストラン「峠」で昼食。安積ＰＡ、那須塩原ＳＡ、大谷ＰＡで休憩後、一六時、新宿へ到着。解散する。

♠「ユニット2」のポイント

例年になく、中心市街地中町商店街と百貨店全体を集中的にまわった。途中、オーバーランもあったものの、一〇月のシンポジウムに向けての新しい情報を収集することができた。１Ｆデパイチフロアの新規店舗オープンに立ち会えて、地元のお弁当・惣菜状況がどのように推移

(29) フィールドワークの意義を詳細にリポート。

していくのか。清潔でおしゃれな容器とレディース仕様のランチパックに対して、お客さんの反応をみていきたい。おしゃれデパイチフロアとして位置づけ、食のファッション・スポットとして考えるエリアのために、つぎの第三グループに継承したい調査部分である。

3　予備調査「ユニット3」

♠予備調査総括の旅

予備調査も最終グループを迎えた。ユニット3は、三年ゼミ生三名で構成し、今年度予備調査の総括の旅となった。六月一四日(金)から一七日(月)までの三泊四日の日程。

六月一四日(金)、一〇時五〇分、日本大学芸術学部を出発する。関越道、外環、東北道といつものコースで、一二時三〇分、上河内SA昼食休憩。昼食といっても軽食程度で、なぜか、肉巻きとJAZZまんの組み合わせが定番になった。一四時二五分、国見SA休憩、写真撮影。山形道に入り、一五時三四分、寒河江SA休憩(さくらんぼソフトクリーム)。一七時一〇分、酒田到着。酒田グリーンホテルチェックイン。

一七時四〇分、ホテルを出る。

一八時、清水屋入店。太田敬GMへ挨拶、名刺交換。

一八時二〇分、「伊豆菊」にて夕食。これまで同様、酒田の名物料理などを知ってもらう。

一九時四五分、「ケルン」へ、マスター井山計一氏へ挨拶、名刺交換。第一~二グループ同様にカクテル説明から、地元酒田の歴史やトピックなどをカウンター越しに語ってもらう時間に。二〇時四五分、ホテルへもどる。

♠本調査へ向けての確認

六月一五日（土）、九時二〇分、ホテルを出る。山居倉庫、欅並木写真撮影、庄内米資料館をまわる。

一〇時、清水屋入店。エントランス開店、太田GM挨拶。一〇時一五分、「ＰＯＥｍ」、本日の調査内容の確認。一一時二〇分、１Ｆガールズ農園、小西良三氏挨拶。

一一時四〇分、「相馬楼」、舞娘膳の昼食、一二時三〇分、酒田舞娘演舞、写真撮影、名刺交換、これで全グループ旧料亭文化を確認。

一三時、「港座」、一三時一〇分、「旧割烹小幡」、映画「おくりびと」メインロケ地をまわる。

一三時四〇分、清水屋、恒例になった野菜「土曜市」。ものすごい行列で、プレオープン以降の新しいデパイチイベントになった[30]。大量の野菜が低価格での販売。旬の地元産のフルーツなどケース販売。これまでのデパイチ「木曜市」（食品関係）についでの曜日イベントが確立された。

一四時、喫茶「さざんか」、休憩を兼ねて、調査内容の整理。

一五時、清水屋入店。成澤五一社長へ挨拶、名刺交換。太田敬GM同席。予備調査の最終メンバー、総括内容などの報告。土曜市の売上げ状況などの説明を受ける。

一六時、５Ｆ催事場、「小京都まつり展」。予備調査で物産展に遭遇することはなかなかなく、商品内容、展示内容、お客さんの消費行動などをさりげなく検証する[31]。一六時四五分、フリー。

一八時一五分、「ＰＯＥｍ」、１Ｆデパイチ、ベーカリー「モン・リブラン」パンの日を検証。

一八時三五分、レストラン「欅」にて夕食。これまでと同じく、お薦めメニューにて、予備調査総括へ向けての意見交換など。二〇時四〇分、ホテルへもどる。

（30）新百貨店のもう一つの目玉である野菜・フルーツ「土曜市」（毎週土曜日一三時〜一六時開催）の検証。

（31）清水屋５Ｆ催事場の物産展にみる人の流れを検証。

♠フットワークよく中町商店街と百貨店内を動きまわる

六月一六日（日）、九時三〇分、ホテルを出る。車にて、酒田港周辺、日和山公園から日本海の風景、地理上の位置など確認。

一〇時、清水屋入店。太田GM、辻繁記GM挨拶。一〇時一〇分、菅原種生常務へ挨拶、名刺交換。

一一時、1Fデパイチ、食品物菜、お弁当販売状況の検証(32)。

一一時四〇分、中町モールイベント検証、「コマツ・コーポレーション」の柿島正氏へ挨拶、名刺交換。シンポジウムポスター・チラシデザイナーとして学生に紹介。

一一時五〇分、老舗焼そば「米澤屋」、昼食。商店街発アイドル「SHIP」焼そばは、いまでもメニューにあり。一二時三〇分、フリー。

一四時、清水屋5F、子ども向けイベント、「Sylvanian Families」ぬいぐるみ記念撮影会。

一四時二〇分、「モアレ」、ジェラート試食。店内若者動向検証(33)。

一四時五〇分、「ブラッスリーロアジス」、中町商店街と清水屋のスイーツとデザートをめぐるコラボの可能性について整理。

一五時四〇分、5F催事場、「小京都まつり展」。佐々木健GMから状況を伺う。

一六時一五分、百貨店と中町商店街周辺の検証。

一八時二〇分、清水屋、レストラン「ロアジス」夕食。太田政宏グランシェフ料理説明、名刺交換、写真撮影。ユニット3は、昨夜の「欅」と連日地元フレンチを味わう。予備調査の総括ということで、食のおしゃれ度を伝えてもらうことに。二〇時一五分、ホテルへもどる。

---

(32) ユニット2に続いて、1Fの物菜・お弁当状況の検証。

(33) 若者に人気のジェラート店「モアレ」入店、店内検証。

♠全体像を把握して酒田を出る

六月一七日（月）、九時、酒田グリーンホテルチェックアウト、酒田を出る。中心市街地と地元の食の部分を十分に味わった最終グループとなる。帰りは、山形道に乗り、一一時二〇分、寒河江ＳＡ休憩。東北道に入り、国見ＳＡ、レストラン「峠」にて昼食。安積ＰＡ、一四時、大谷ＰＡで最終休憩。一六時、新宿西口到着。今年度三グループの予備調査終了。一〇月のシンポジウムの準備に入る。

♠「ユニット3」のポイント

最終グループということで、カバーしきれなかった領域の検証に走った。中心市街地中町商店街のイベント、清水屋物産展のイベントなどの検証。１Ｆデパイチの土曜市の賑わいと客層、その動向を追った。清水屋デパイチのファッション性はカテゴリーによって整理することでより明確になること。商店街スイーツとの関係強化など、あらたなデパイチ路線も考えられるのでは。課題も多く、今後いかにそれらを整理するかである。毎回、正味三日をフルに動いても限界があり、食に関しては、試したい料理など盛りだくさんであるが、時間的に充足するのは難しいということもある。ただ、ユニット3は、これまでもっともボリューミー可能な学生たちであった。

第4節　二〇一三年フィールドワーク（本調査）

1　六度目の酒田フィールドワークへ

♠全員で酒田の旅

前半の三グループの予備調査を終えて、後半は全員でフィールドワークを迎える。予備調査から本調査へ。三年ゼミ生九名に、サポートで四年ゼミ生四名、合計一三名の参加、一〇月三日（木）から七日（月）、四泊五日の日程である。本調査と同時に、シンポジウム開催もあり、予備調査からの研究報告の場でもある。

一〇月三日（木）、九時一五分、日本大学文理学部百周年記念館前を松山観光貸切バスにて出発する。首都高から外環、東北道に入り、一〇時四五分、羽生PA休憩。一二時四〇分、那須塩原SA昼食休憩。一四時三〇分、国見SA休憩。山形道に入り、一七時一五分、酒田到着、酒田グリーンホテルチェックイン。

一八時一〇分、ホテルを出る。市民会館希望ホール、酒田市役所本間博文化課課長。市役所獅子頭前写真撮影。

一八時三〇分、閉店直前の「マリーン5清水屋」エントランス、太田敬GMに挨拶。

一八時四〇分、中町「浪漫亭」、全員での夕食。中町中和会振興組合脇屋直紀理事長のお店。リクエストで毎年、秋の風物詩でもある山形名物の芋煮を出してもらう。庄内風豚肉味噌味、内陸風牛肉醤油味の二種類を味わう。[34] 二〇時四〇分、ホテルへもどる。

♠地元関係者と再会

一〇月四日（金）、九時一五分、ホテルを出る。山居倉庫、欅並木で全員の写真撮影。

一〇時、清水屋入店。太田GM、三年ゼミ長渡辺涼子、ミニ・ファッションショー出演の四年ゼミ長畠中理沙、三年森下奈美。オンワード組曲の後藤奈々さんに挨拶。出演二人の学生にコーディネイトのお願いをする。[35]

一〇時四〇分、清水屋6Fミュージアムホール。サブゼミ開始。

一一時四〇分、5F催事場、地元小学校学校新聞展示場。山形新聞田中大記者取材。

一三時、5F料理教室。太田政宏グランシェフ「フランス料理教室」挨拶。[36]

一三時三〇分、酒田市役所市長室。丸山至副市長表敬訪問。本間義紀次長同席。今回の本調査およびシンポジウム開催の案内。

一四時三五分、酒田桜門会、平野新聞舗代表取締役平野宣社長・表敬訪問。シンポジウムの案内。

一五時、ミュージアムホール、サブゼミ、今後の確認。各ユニット別で中町商店街・百貨店補充調査開始。全員で写真撮影。

♠ファッションショー準備

一六時二〇分、ミニ・ファッションショーメンバー、4F輸入菓子購入。1F靴下館、「CECIL Macbee」、ブランドストッキング選択。[37] 4Fプリコーナー、プリクラ記念撮影。

（34）毎年本調査時、恒例の「芋煮」味比べ。

（35）後藤奈々さんより、オンワード「組曲」モデルを中心にコーディネイト開始。

（36）5F料理教室「フレンチ教室」開始前に太田グランシェフが教室内を特別に案内。

（37）若い女性に人気の有名ブランドストッキングからファッションショー用を選択。

一八時二〇分、マリーン5清水屋成澤五一社長へ挨拶。ゼミ長および代表学生四名。シンポジウム議題提供のお願いと、6F会場使用の御礼。

一八時四五分、清水屋を出る。学生フリータイム。

一九時、「中島食堂」で夕食。

二〇時一〇分、中町「土味」。山形新聞田中部長、鈴木大和、吉見勇希、齋院雄一各記者との意見交換。二三時、ホテルへもどる。

♠グランドオープン一周年の状況

一〇月五日(土)、九時一五分にホテルを出る。

九時三〇分、清水屋入店。6Fミュージアムホール。

一〇時一〇分、5F「タッパーウェア簡単クッキング料理教室」訪問、山田恵子代表へ挨拶。(38)

一〇時四五分、「POEm」休憩。

一一時三〇分、「越後製菓餅つき大会第一部」、グランドオープン企画、昨年に引き続き学生たちサポート。(39)

一二時三〇分、5F催事場にて、小学校学校新聞表彰式参加。

一三時三〇分、「越後製菓餅つき大会第二部」のサポート。

♠シンポジウム・ファッションショーリハーサル

一四時二〇分、シンポジウムリハーサル開始。

一五時四五分、「タッパーウェア簡単クッキング料理教室」試食会参加。

---

(38) 「タッパーウェア簡単クッキング」料理教室開催。

(39) 恒例の越後製菓餅つき大会手伝い。

一六時三〇分、シンポジウムリハーサル再開。

一七時三〇分、ファッションショーリハーサル。

一九時二〇分、シンポジウムリハーサル終了。

一九時三〇分、学生フリータイム。

一九時四五分、中島食堂にて夕食。

二〇時三五分、ホテルへもどる。

2　シンポジウム

♠第五回中町シンポジウム開催

一〇月六日（日）、九時、ホテルを出る。

九時一五分、清水屋入店。九時五〇分、昨日のお礼にタッパーウェア簡単クッキング教室へ、老舗「亀屋」の草餅差し入れ(40)。

一〇時、シンポジウム最終リハーサル。

一一時一五分、シンポジウム最終リハーサル終了、休憩。

一二時三〇分、第五回中町シンポジウム開催。共通テーマ「中心市街地から発信するメディア文化―ファッション・コミュニケーションと百貨店―」。

一五時三〇分、シンポジウム終了。関係者との写真撮影。シンポジウム出席者へ挨拶。あとかたづけ。一六時四五分、「七桜」プリント依頼。一七時一〇分、ホテルへもどる。

一八時二〇分、清水屋エントランス。閉店状況確認(41)。

(40)　地元老舗和菓子店で「柏餅」が有名。

(41)　一八時三〇分の清水屋閉店状況の検証。

一九時一五分、レストラン「ロアジス」。フィールドワーク、シンポジウム関係者との懇談会。関係者全員で写真撮影。二一時、懇談会終了。二一時一五分、ホテルへもどる。

♠二〇一三年フィールドワーク終了

一〇月七日(月)、予備調査三グループ、本調査、シンポジウム開催、ミニ・ファッションショー開催。二〇一三年フィールドワーク全日程終了する。

九時、酒田グリーンホテルチェックアウト。九時一五分、酒田を出る。山形道に乗り、途中、寒河江SA休憩、東北道に入り、国見SA休憩、那須塩原SA休憩、蓮田SAで最後の休憩。首都高に入り、一七時二〇分、日本大学文理学部百周年記念館到着。四泊五日の全行程をしめくくる。ゼミ長代表が挨拶をして解散する。

ゼミ生全員のまとまりもあり、これまでにないシンポジウム内容、そしてフィールドワークとなった(42)。二〇一一年から続けた百貨店研究も二〇一三年で三年目となった。百貨店撤退報道後、中心市街地はどうなるのか。新百貨店としてプレオープン、そしてグランドオープン。いまはコンパクトシティの中心的な役割を果たしている。そしてファッション・コミュニケーションはマリーン5清水屋百貨店のコピーとなった。

---

(42) 二〇一三年ゼミ生全員が役割に徹底し、本調査全般に動きまわってくれた。多くの研究成果と収穫を得た。

第5節　メディアとフィールドワーク［二〇一二〜二〇一三］

1　予備調査の報道

♠『山形新聞』（二〇一三年五月二三日付朝刊）

「百貨店軸の発信文化　探る(43)」

酒田市をフィールドに、地方都市の中心市街地の役割や活性化の方向性を探っている日本大学のゼミの学生が、二〇一三年度の活動をスタートさせた。今回は、百貨店を中心にしたファッション、食といった消費スタイルに主眼を置いた「中心市街地から発信するメディア文化」がテーマ。一〇月の本調査を前に、学生三人が一八日から三日間、酒田市内で予備調査を繰り広げた。

酒田市でフィールドワークを始めたのが二〇〇三年度。郊外型へのシフトで中心商店街の求心力が低下する中、酒田市のローカルアイドルとしてデビューした「ＳＨＩＰ」、まちなか文化に見る「おしゃれやカワイイ」などを手掛かりに現状と課題、将来像を研究している。

「郊外型が中心になった今も、文化の発信地は中心商店街であり、百貨店がその鍵になっている」と担当教員。若者の流行や生活スタイル、親子のコミュニケーションが育まれる空間と位置付けている。

今回は、百貨店を軸に発信される「衣」と「食」、カルチャー教室などエンタテインメント

(43) 本文記事の一部を抜粋。田中大記者の署名記事。

の要素を考察。五～六月に計三度の予備調査を行い、一〇月には本調査とシンポジウムを計画している。

予備調査の第一陣（一八日～二〇日）は、普段よりにぎわいのある酒田まつり開催に合わせて実施。いずれも三年生の三人が百貨店「マリーン5清水屋」を訪れ、品ぞろえや購買層などを聞き取り、酒田まつり本祭りの山車行列に参加した。

「友達や近所付き合いが東京よりも広くて、うらやましく感じた」。「もっといろんな人にインタビューして（清水屋で開催されている）料理教室のことなど調査したい」と学生たち。ゼミ長の学生は本調査に向け「人があふれる祭りの酒田と普段との差や、ファッション雑誌の売れ行きなどコアな部分を探っていきたい」と話した。

商店街に一つの示唆。

人々はどんな「楽しさ」を求めているのか。中心市街地は何を提供できるのか。なかなか答えが見つからず、全国の中心商店街が厳しい現状と向き合う中、学生たちの試みは、一つの示唆を与えている。

♠『荘内日報』（二〇一三年六月七日付）

「女子大生の視点で提言へ」(44)

日本大学の三年の女子学生が、酒田市中心商店街でフィールドワークを繰り広げている。学生九人が三人一組となって今月中旬まで酒田市を訪問、中心商店街の活性化に向け、若い女性の視点で老舗百貨店「マリーン5清水屋」を核にしたエンタテインメント空間について研究を深めていく。

(44) 本文記事の一部を抜粋。堀裕記者取材。

二〇〇三年から酒田市を「モデル地域」に中心商店街の活性化を研究している担当教員とゼミ生は昨年、「百貨店のファッション性」を研究テーマに掲げ、新装した清水屋を中心とした中心商店街の在り方について考察。同一〇月に行われた研究成果を発表するシンポジウムでは、「中心市街地再生のキーとなる百貨店は、シンボリック的な役割を果たさなければならない」などと提言した。

今回のテーマは「中心商店街から発信するメディア文化―百貨店を中心に文化的なエンタテインメント空間の企画発信を考える」。特に衣と食を中心とした「娯楽的消費」にスポットを当て、若者の視点で中心商店街の活性化策を練り上げていく。

第一グループの学生三泊四日の日程で酒田を訪問。清水屋を中心に商店街関係者、市民らから声を拾い集めたほか、五感をフルに使って酒田の魅力を探った。今月一四日からは第三グループも訪れる。

第一グループの一員として訪れたゼミ長の三年生は「衣で鍵となるのはファッションリーダーの存在。自らの意思で身に着ける間接的なファッション、雑誌に載っていたり、他人や店から勧められる直接的ファッションについて考察していきたい」、ファッション企画を担当する学生は「陳列方法や『ここならではのもの』について考えたい」、食を研究する学生は「首都圏では一回の受講料が五〇〇〇円という料理教室もある中、清水屋内の料理教室は格安。教室の在り方を中心にまとめたい」とそれぞれ話していた。

今年一〇月には研究成果を披露するシンポジウムを開催、フィールドワーク参加学生が中心商店街の活性化に向けた報告をする予定。

♠『山形新聞』（二〇一三年六月五日付朝刊）

「百貨店を軸に魅力　探る」(45)

酒田市をモデルに地区に一〇年以上、地方都市の中心市街地の現状と課題、将来像を探っている日本大学の担当教員のゼミの学生が、酒田市内で精力的に活動している。予備調査の第二弾は五月三一日～六月三日に日常の街なかを検証。二〇代前半の視点で、首都圏との違いや魅力などを探っている。

若者の流行や生活スタイルと、マスメディアの社会的影響を研究する教員のゼミ。一九七〇年代まで洋画の封切り時期が東京と同じ映画館があり、二〇〇〇年代には地元発のアイドルグループが活躍した酒田を「メディア文化の街」と位置付け、二〇〇三年度からフィールドワークを続けてきた。

「中心市街地は文化の発信地で、物産展やさまざまなフェアを企画する百貨店は重要な存在」と担当教員。二〇一三年度は、中心市街地にある百貨店「マリーン5清水屋」を核にしたエンタテインメント空間を考察する「中心市街地から発信するメディア文化」をテーマにした。清水屋が提供する「衣」と「食」、アミューズメント、カルチャー教室などを確認している。

予備調査の第二弾は、日常の酒田と、大勢の市民・観光客が詰め掛けた酒田まつり期間との対比に主眼を置いた。いずれも三年生の女子学生三人が訪れて市内を巡り、街なかの魅力を探索。一番の目的だった清水屋の「食」を調査し、一階の生鮮食料品コーナーや飲食店の提供メニューなどをじっくり見て「東京と値段や品ぞろえは変わらない」などとメモを取っていた。

第二弾の三人のうち二人は百貨店に行ったことがなかったという。「百貨店は（値段が）高い」というイメージが先行していたからだが「高級感を求めるか、低価格を求めるかなどはそれぞ

(45) 本文記事の一部を抜粋。田中大記者取材。

れの価値観で、（郊外との）すみ分けができればいい」と。また「座っておしゃべりができたり、中高生が気軽に食事ができたりする空間があってもいい」と語った。

ゼミは、今月中旬に行う最後の予備調査を経て、一〇月に本調査とシンポジウムを展開する。予備調査第一弾の後、清水屋の商品を活用したミニ・ファッションショーなど、学生たちによる新たな企画も生まれている。学生たちは酒田市から何を感じ取ったのか。「おしゃれでかわいい空間」にするためのアイデアが、まちづくりの方向性につながることを楽しみにしている。

2 フィールドワークの報道

♠『山形新聞』（二〇一二年一〇月八日付朝刊）

「酒田マリーン5清水屋　魅力アップ策発表―街での役割も提言―」(46)

「コンパクトシティと百貨店のファッション性」をテーマにしたシンポジウムが七日、酒田市のマリーン5清水屋で開かれ、日本大学の学生たちがフィールドワーク調査などを基に、中心市街地での百貨店の役割や魅力アップ策などを提言した。

酒田市中心市街地では三日、撤退した中合（福島市）から百貨店を引き継いだ「マリーン5清水屋」がグランドオープン。シンポジウムは中心市街地で二〇〇三年から調査、研究活動を続けている担当教員のゼミで学ぶ学生たちが主催し、学生や地元商店主など二〇人が参加した。

三年ゼミ生の四人が、「百貨店のファッション性、文化性」「地方都市における百貨店の役割」「街のおしゃれ感覚」などを題材にした研究成果を発表。地元で「デパートらしくない」と言われることのある清水屋について「地域性を考えれば不思議ではなく、むしろ地方都市の百貨

(46) 本文記事の一部を抜粋。佐藤正則記者取材。

店らしさを反映している」と分析した。

また「中心市街地再生のキーとなる百貨店は、コンパクトシティのシンボリックな役割を果たさなければならない」とし、平日の営業時間延長や広報戦略などについても提言。「中高生をターゲットにしたブランドをより明確にした方がいい」「親と子のコミュニケーションの場としての百貨店の意義をより高めるべきだ」などと語った。

引き続き、地元商店街関係者や一般参加者による意見交換も行われた。

♠『荘内日報』(二〇一二年一〇月九日付)

「『清水屋と中心商店街』考察」(47)

日本大学の教員とゼミを履修する三年生が今年五月から六月にかけ、「百貨店のファッション性」を研究テーマに酒田市でフィールドワークを展開。研究の成果を発表する「中町シンポジウム」が七日、同市のマリーン5清水屋イベントホールで開かれ、学生と聴講に訪れた市民らが、新しく生まれ変わった清水屋を中心とした中心商店街の在り方に関して考察した。

二〇〇三年から酒田市の中心商店街を「モデル地域」とし、中心市街地活性化に関する研究を深めている担当教員とゼミ生は今年五、六月、三人ずつ三班に分かれ、それぞれ酒田市を訪問。清水屋を中心とした中心商店街を実際に回り、学生自らの感性・視点で、地方都市のデパート、担当教員が今春出版した「コンパクトシティと百貨店の社会学」の中で位置付けた、車を使わなくても一つのエリアで生活を充足できる空間「コンパクトシティ」として中心商店街の今後の在り方を研究してきた。

この日のシンポジウムには、担当教員と学生一三人が参加したほか、市民ら二〇人が聴講。

(47) 本文記事の一部を抜粋。堀裕記者取材。

最初に学生四人が研究成果を報告した。

このうち三年生の学生は「ファッション・ブランドとおしゃれ発信―世代間ブランド意識とファッション感覚」と題し、清水屋におけるファッション・ブランド広報戦略などに関して発表。「フィールドワークの際、ファッション・ブランドが集まる二階フロアで、中高生が親子で買い物する姿が目に付いた」と述べた上で、「中高生をターゲットにしたブランドを明確にする」「ファッション・ブランド一覧のようなチラシの作成」「暖色系を中心とした照明へのチェンジ」「少し高級感のある雰囲気づくり」を呼び掛けた。

また、「百貨店というステージとファッション空間」を報告した学生は「中心市街地再生のキーとなる百貨店は、コンパクトシティのシンボリック的な役割を果たさなければならない」と話し、「仕事帰りの大人、部活帰りの高校生らのため、清水屋は空間の開放性を決定付ける営業時間を延長する必要がありそうだ」と語った。

引き続き、マリーン5清水屋代表取締役による「地方百貨店から発信する文化」というテーマで議題提供した。

♠『山形新聞』(二〇一三年一〇月八日付朝刊)

「酒田・中町から若者文化　発信へシンポジウム」(48)

酒田市を舞台に、百貨店を軸とした中心市街地活性化の方策を調査・研究している日本大学の教員とゼミ生は六日、酒田市のマリーン5清水屋で「中町シンポジウム」を開いた。ファッションや食、エンタテインメントなどに関する調査結果を基に、百貨店の魅力と潜在的な可能性について意見交換した。

---

(48) 本文記事の一部を抜粋。田中大記者取材。

二〇〇三年から酒田市でフィールドワークを続け、シンポジウムなどを実施してきた。二〇一三年度は、担当教員と三年生の女子学生九人が今年五月から計三回、事前調査のため酒田市を訪問。イベント開催時とは違うにぎわい、百貨店の客層とファッションに対する意識、中心市街地や百貨店にある娯楽性の高い空間と「カワイイ」の発信力などを調査した。

今回のシンポジウムは「中心市街地から発信するメディア文化―ファッション・コミュニケーションと百貨店」がテーマ。はじめに昨年度に調査した四年生が一年ぶりの酒田市の印象として「おしゃれ」や「カワイイ」の変化を基調報告。三年生が「百貨店の企画やイベントが大都市を目指す地方の若者の欲求に応え得る」「食はコミュニケーションやおしゃれを発信する場」などと発言した。

続いて討論を行った。学生たちは「(商品の売れ行きに)ランキングを付け、表示してPRするのも企画力の一つ」「フロアを仕切り、若者向けの内装に凝るのもいいのではないか」などと提言した。

♠『荘内日報』(二〇一三年一〇月一一日付)

「清水屋の現状、可能性は」(49)

酒田市の中心市街地で百貨店を核とした活性化策を調査・研究している、日本大学の教員とゼミ生による研究報告会「中町シンポジウム」が六日、酒田市のマリーン5清水屋六階ミュージアムホールで開かれ、学生たちが清水屋の持つ可能性について報告した。

二〇〇三年から酒田市を「モデル地域」として中心商店街の活性化策を研究している担当教員とゼミ生は今年五月～六月に酒田を訪問し、「中心市街地から発信するメディア文化―ファ

(49) 本文記事の一部を抜粋。堀裕記者取材。

ッション・コミュニケーションと百貨店」をテーマにフィールドワークを展開。衣と食を中心とした「娯楽的消費」にスポットを当て、若者の視点で中心商店街の活性化策を練り上げてきた。

この日は、市民や同店関係者が聴講に訪れた。初めに昨年度に調査した四年生がこの一年での清水屋の変化について報告。その後、学生たちが衣服、料理教室を中心とした食、充実した「プリクラ」コーナーなどエンタテインメント空間の三分野で、それぞれ清水屋の現状と今後の展開について提言した。

報告の合間に、清水屋店内で販売されている商品を使用したミニ・ファッションショーを開催、学生たちが自ら選んだ衣服を着用して登場、おしゃれの楽しみ方を紹介した。また、清水屋の代表取締役が「地方百貨店から発信する文化」と題し議題提供した。

〈参考文献〉

・伊奈正人、一九九五年『若者文化のフィールドワーク—もう一つの地域文化を求めて—』勁草書房
・仲川秀樹、二〇一二年『コンパクトシティと百貨店の社会学—酒田「マリーン5清水屋」をキーにした中心市街地再生—』学文社
・仲川秀樹、二〇一〇年『おしゃれとカワイイの社会学—酒田の街と都市の若者文化—』学文社
・仲川秀樹、二〇〇六年『もう一つの地域社会論—酒田大火三〇年、メディア文化の街ふたたび—』学文社
・仲川秀樹、二〇〇五年『メディア文化の街とアイドル—酒田中町商店街「グリーン・ハウス」「SHIP」から中心市街地活性化へ—』学陽書房

第8章 学生が受け継ぐローカル百貨店の検証

1 グランドオープンの意味(1)

本調査と中町シンポジウムは、予備調査で山形県酒田市を訪れた時以上に自分が学んだこと、感じたことの多い五日間となった。ゼミ長として、毎週のゼミナールにおいて進行役をしているが、中町シンポジウムでの司会という重要な立場はこれまでの比ではなかった。今までの先輩たち（とくにゼミ長）のシンポジウムの映像をみる度に、責任の重圧と不安でいっぱいだった。しかし、不安を感じてばかりいては、他のゼミナールの仲間にその気持ちが移ってしまうのではないかと思っていた。そこで、自分が一番、このフィールドワークで多くのことを学び、楽しんで帰ろうという決意をして酒田市へ向かった。

予備調査とは違いゼミ生全員での行動のため、集合写真の撮影などの指示もうまく出せなかった。そこでゼミナールの仲間たちがこうしたらもっとスムーズに写真撮影ができるのではないかというアイデアを出してくれた。簡単に思いつくようなことでも個人としては思いつかないこともあった。その他にも集団行動などにおいてみんなの提案などで、いつものゼミナール

(1) 二〇一三年ゼミ長社会学科四年、畠中理沙。

のようなスタイルになり進めることができた。

今回のシンポジウムのテーマに含まれている「ファッション」(衣・食・住)のなかで、食の部分をあらためて考える機会を得た。本調査、到着の夜に、地元のお店でいただいた、山形名物の芋煮、二種類の芋煮を味わった(私は味噌味がとても気に入った)。他には、「シエロ」の焼きカレー、「POEm」のカレーセット、「さざんか」のパスタとピラフ、「欅」のディナーなど、酒田は他の場所とは違った、おしゃれな楽しみ方ができる空間が多いように感じた。

そして、グランドオープンしたばかりであった「マリーン5清水屋」は、活気にあふれていた。五月に訪れた時の酒田まつりを想い出した。チラシやHPなどで盛んにイベント情報を発信していることも影響しているのではないかと感じた。本調査の滞在中は、グランドオープン記念のイベントがおこなわれていた。「越後製菓」の餅つき大会の手伝いもした。従業員の気分を少し味わえてとても楽しく、充実していた。たくさんのお客さんが並んでいるのをみて感慨深かった。手伝いの後にいただいたつきたてのお餅の味は忘れられないものとなった。

また、4Fに新しくできたステーショナリーコーナーは小学生たちが欲しがるようなキャラクターものの文房具や大人も使える機能的なものなど、あらゆるものが充実していて目を奪われた。調査の合間に、清水屋店内をまわり思ったのは「せっかくこんないいお店・いいブランドがあるのに認知されていないことがもったいない」ということだった。

こうした点などにもっと目を向けてシンポジウムを進めていこうと報告者や討論者を交えて話し合った。同時に、一般の人たちに向けて発表するにあたって社会学の専門的な用語などの説明をどうしたらよいのか、ホテルの部屋にゼミ生たちが集まり、連日遅くまで話し合った。

そしていよいよ中町シンポジウムの当日、最初の挨拶で、いくつか言葉を発した後に頭の中が一瞬真っ白になってしまった。その場は何とかしのぐことができたが、そこから不安が押し寄せてきた。自分がきちんとしていなくてはと思いすぎてしまいあとはフロアに目を向けることもままならなくなった。コーヒーブレイクの時間に、ますます混乱した。涙まで出てきてしまった。ここで司会を交代するなんて悔しい思いはしたくないし、与えられた仕事は最後まで全うしたいと思い、後半を乗り切った。シンポジウムが終わるとほっとしたのか再び涙が出てきてしまった。しかし不格好な司会ながらも最後までやり遂げることができてよかったと心から思った。ゼミナールの仲間もこんな頼りがいのないゼミ長なのに「ありがとう」などと声をかけてくれてとても嬉しかった。シンポジウム後に開催されたマリーン5清水屋の成澤五一社長はじめ関係者とのロアジスでの懇親会は、貴重な機会であると同時にとても充実したものとなった。

シンポジウムにおいて私は自分の能力の低さや柔軟性のなさをはっきりと自覚した。時々「私がきちんとしなくてはいけないのになんでこんなにダメなのだろうか」と悩むこともあった。しかし、ここで一人抱え込むのではなく、周りの仲間たちに「頼る」ということの大切さも考えた。頼ることによって自分の知らないことを知ることができ、仲間たちの力がどんどんパワーアップしていくのをこの目で確かめることができたように感じた。

2　プリクラを撮るなら「ラ・カワイイ」(2)

〈本調査全体について〉

本調査は、長いようで短かった。四年生がいたことで予備調査とはまた違う緊張感が、三年

(2)　二〇一四年ゼミ長社会学科三年、渡辺涼子。

生たちには常にあった。

フィールドワークでは、前回の予備調査に比べ、マリーン5清水屋の変化に驚いた。イベントホールが高級感溢れるミュージアムホールへと一新され、注目していたプリコーナーも、予想以上に〝カワイイ〟空間になっていた。ゼミ生とさっそくプリコーナーを体験しにいくと、コスプレグッズが目をひいた。ハロウィンに合わせたオレンジ色のリボン（芹澤美月着用）や魔女の帽子、ディズニーキャラクターのかぶりものなど、着替える必要のない準コスプレグッズが充実している印象だった。これなら気軽に季節感のあるイベントを楽しむことができるし、プリクラに収めることで想い出づくりにも一役買うであろう。実際にゼミ生と、先生と撮ったプリクラはとても想い出に残っている。地元の中高生やミセスたちにも、もっと利用してもらい「プリクラを撮るなら清水屋の〝ラ・カワイイ〟でしょ」というまで浸透していって欲しい。

グランドオープン一年という大周年祭ということで、イベントも充実していた。小学生新聞の表彰式に参加した時、清水屋のフロアが特別な空間になっているように感じた。ローカル百貨店であるからこそ、地元の小学校、新聞社と連携してこういったイベントが開催できる。表彰された小学生にとって、清水屋は特別な場所として記憶されたに違いない。また、私たちが参加した越後製菓の餅つき大会は、従業員とお客さんが一緒になって掛け声をかけ、ときには笑いが起き、つきたてのお餅を食べて笑顔が生まれていた。まさに食のエンタテインメントであった。他にも「ジッピーのダンスパフォーマンス」や「タッパーウェア簡単クッキング」など、誰でも楽しめるイベントが目白押しで、ローカル百貨店清水屋の魅力を、今回のフィールドワークで再発見することができた。

シンポジウムまではあっという間だった。イベントに参加しながら、原稿づくりや報告者との段取り、ファッションショーの準備、色紙の作成。「時間との戦い」は本番まで続いた。ホテルに帰ってからも、九人でひと部屋に集まり作業を深夜までおこなった。報告者は原稿をどう話し言葉にするか、どうすれば分かりやすく噛み砕けるか試行錯誤していたが、みんなで意見を出し合って解決することができた。パワーポイントの作成を一人に任せてしまったが、そこからさらに修正しあの素晴らしい「作品」になった。報告者との連携も完璧で、どんな質問がくるかの不安はあったもののリハーサルまでに大体の流れは掴めていた。

リハーサルは時間配分や流れを確認できてよかったが、ファッションショーなどもう少ししっかりと確認したいところがあった。そして迎えた本番、リハーサルよりも早く進行していった。報告者は各自時計をみて、落ち着いて発表できるとなおよかったのではないだろうか。私は時間が余ったときの対応の準備ができておらず、臨機応変な対処ができなかったことを反省している。フロアの学生も準備段階で一人ひとつは質問や疑問点を考えておくべきだと思った。それでも本番中、質問を必死で考えてくれたおかげでなんとか沈黙を切り抜けることができたと思う。一番心配していたフロア・リプライでは、商店街と百貨店の連携についてアイデアはないかという質問を受けた。緊張もあり、アイデアがなかなか浮かんでこなかったが、報告者三名が一生懸命考えてくれた。私たちはこの研究の目的が中心市街地の再生であることをあまり意識せずに、目の前の原稿、自分のテーマばかりにとらわれてしまっていたように思う。これも大きな反省だった。百貨店の枠のなかだけで考えず、商店街まで視野を拡大して考えることが大きな課題となった。そしてフロアから、このシンポジウム自体の広報はしたのかというご指摘を受けた。「確かに」と思った。先生が広告をまいてくださったのに、学生である私たちは全くアクションを起こしていなかった。来年からは自分たちが開催するシンポジウムは、自分たちで広報するということが必要になってくると感じた。
本番を終えて、時間配分や臨機応変な対応の難しさ、準備不足を痛感した。自分ならもっとやれたと悔しい気持ちでいっぱいだったが、同時にゼミ長として、人間として大きな収穫を得る機会になった。今回のシンポジウムでは、先生もおっしゃるように、三年生のチームワークのよさを身にしみて感じた。本調査終了後、ゼミ生みんなが口を揃えて言うことは、「みんながいたから乗り越えられた！」という言葉だった。準備に追われ気持ちに余裕がなかった時も、プレッシャーに負けそうな時も、みんなに支えてもらった。今思い返して、この四泊五日が「楽しかった」と感じるのは、みんながいたからである。フィールドワークをとおしてまた絆が深まったのは言うまでもない。
そしてこのシンポジウム開催にあたって、ご協力頂いた清水屋スタッフの皆さま、取材してくださった新聞記者の方々、ご参加頂いた関係者の方々に心から感謝している。四年生の先輩たちも自らの経験からアドバイスをくださり、助けられた場面も多かった。先輩たちの振る舞いも見ていて勉強になったので、私たちにとって四年生がいることは大きな意味があった。この研究と経験を後輩たちに引き継ぎ、来年のシンポジウムに期待したい。

〈百貨店について〉

清水屋のファッション空間であるアパレルショップをみると、東京では人気の高いショップが入っていた。比較的安く、流行を抑えたアイテムが揃う「PAGEBOY」や「earth」は東京で若者に支持を得ているが、ここでは一〇代から二〇代の客は買わないとのことだった。一方、清水屋の主力購買層である三〇代～五〇代の客は、自分のスタイル、トータルコーディネイトが分からないという意見が聴かれた。この点に関して、それぞれのブランドショップが「春のトレンドスタイル」「夏コレクション」といったようにお店のアイテムを使ってトータルコーディネイトを提案することがよいのではないだろうか。広告もブランド名やブランドの紹介、価格を明記することが「こんなに安く手に入るんだ」「手軽な値段の東京ブランドが百貨店に入っているんだ」と、百貨店は高いという固定観念を払うこと、ブランドの認知度にもつながると考えられる。また、それぞれのブランドイメージに合わせた内装にすることで、より非日常の空間を演出することができるのではないだろうか。

食文化の発信に関しては、地元料理の再認識と新しいものとしての発信が重要であると感じる。酒田の地元料理をいただいたが、海の幸も山の幸も味わえるお料理はどれも素晴らしいものであった。たまご寒天やむきそばは私にとっては初めてのものであったため、とても珍しいと感じた。地元の人びとにとっては昔からあるあたり前の料理であるが、東京やその他地域の人びとにとっては新しいものとして認知される。酒田の食文化を県外にどんどん発信していきたいと考える。また、料理教室という取り組みにも注目したい。料理教室をとおして、地元の食材を活かしたメニューを作ることは酒田の食文化を再認識することにつながる。親子料理教室を開き、子どもたちに酒田の食文化を認識させることも文化を受け継ぐといった意味で必要ではないだろうか。東京には美味しいものがなんでもあるといわれるが、裏を返せばこれといった特徴や国籍をもたない街でもある。地域のオリジナル性として地元料理に誇りと自信をもてることは東京人の私にとっては羨ましいものであった。

プリクラの導入やキャラクターグッズの販売は、中高生の集客に効果的だと思う。ブログやSNSの利用者が増えているなか、プリクラは自分をかわいく見せることができる（盛れる）ため、プリクラ画像をあげることが多い。最新機種を置いているという広報が必要である。プリクラの設置場所は、女の子のための空間を思わせるようなカワイイにこだわった内装にするとよいのではないか。鏡やプリクラを切るときに使うハサミを「SWIMMER」のものにし、店内で買えるものを置くなどの工夫をするとまたあらたな目的を与えることができる。

エンタテインメントの発信においては、6Fミュージアムホールの活用に注目したい。バンドやダンスの発表の場が設けられることは、発表者にとって大きな意味がある。この場所からあらたな文化が生まれる可能性もあり、定期的にイベントを開催することでコミュニケーション空間と非日常の空間が成立することは間違いない。人びとの娯楽の中心として、このスペースが発展していくことに期待している。

3　リクエストに応じたファッション(3)

最初に酒田を訪れたのは五月の予備調査だった。そこで、普段の生活の中心となっている都市との違いを知ることができた。予備調査の時は、酒田まつり開催期間だったので各地から人が集まり比較的人口は多かった。そんななかでも東京との違いは明らかであった。

清水屋2F「POEm」からみた朝の街は穏やかで、東京の朝のようなせかせかした感じはどこにもなく、ずっと外を眺めていたくなるような風景に居心地のよさを感じた。

地方の百貨店を初めて訪れ、そこで東京とは違うアパレルショップの現状を垣間見ることができた。まず、1Fに設置されている「靴下館」にはタイツやストッキングが置かれており種類は東京でもなかなか見ないほど豊富であった。普段人口の少ないこの街でこんなにも販売し売れるのだろうかと疑問に思った。若者のリクエストに応じて置いたブランドや三〇代のおし

(3)　社会学科三年、神津愛奈。

ゃれな女性を中心にしたブランドなど、さまざまな世代の方が満足するような商品提供ができるよう工夫がされていた。

続いてアース、イーハイフンといった若者をターゲットにしたショップをまわる。ここに来る客層は、平日は三〇代前半から後半、休日は一〇代から二〇代が多いという。売上げのほとんどを占めているのは平日の客層であり、私たちと同じ世代は購入することが少ないことが分かった。また一種の傾向として、自分の世代のブランドが分からずその結果トータルコーディネイトで何系かが分からないスタイルが完成している若者が多くいることも調査の結果明らかになった。ファッション意識に大きな差があり、このような結果につながっているのではないだろうか。

オンワード23区、組曲では平日は三〇代から五〇代、休日では長期休みになると大学生とその親が客層の中心になっており、トータルコーディネイトで購入していく傾向にあることが分かった。全体を通して共通することは、自分は周囲から実際の年齢より若くみてもらいたいという意識の高い人が百貨店のアパレルショップを訪れる傾向にある。

それから、二〇代の人口がもともと少ない街であるためこうした地方の年齢構造の傾向が百貨店を訪れる客層にも影響し、〝若い子〟の指す年齢に清水屋の店員さんと私たちとの想像の間でズレが生じていたことである。

また、流行などの情報は、メディアである雑誌だけではなく、周囲の人びとの影響によるところで伝わっていく間接的ファッションが多く存在していることも明らかになった。これは雑誌に記載されている服は、物理的に買えないと考える若者が多いからと考える。メディア環境が不足していることに地方の若者は引け目を感じているのではないだろうか。だとすれば、どのようにファッション意識を高めるかが今後の焦点になる。どの世代でも購入できるようなブランドを設置することで百貨店に足を運ぶ人が増え、それが若者のファッション意識の向上につながればと。

4　キャラクターとコミュニケーション空間(4)

マリーン5清水屋4Fのキャラクターコーナーおよびプリコーナーについて考えたい。まず、キャラクターコーナーについてであるが4F宮脇商店前に位置している。小中学生を対象にしているように感じた。とてもオープンな空間で書店の流れでキャラクターコーナーに立ち寄ることができる。また、5Fからエスカレーターで降りる際に、キャラクターコーナーが目に入るために、ついでに立ち寄る人もいるだろう。キャラクターの種類はとても豊富で品揃えが良い。小中学生の向けのキャラクターだけでなく小さな子ども向けのキャラクターも多々あった。とくにシールの種類が充実しており、シールの置かれている場所も細かく分かれていたため楽しく見やすいと感じた。同じ階にプリクラコーナーが設置されたことによって立ち寄る若者も増えるだろう。しかし、会計場所がキャラクターコーナーにないのが不便と感じた。購入時は、陶器売場の会計を利用しなくてはならない。たくさんの商品があり、ぬいぐるみなどを購入する場合、他の売場の会計に持っていくのは少し抵抗があると感じる人もいるのではないだろうか。難しいのかもしれないがキャラクターコーナー専用の会計場所を設置するといいのではないかと感じた。

つぎにプリコーナーについて。以前は、5Fのゲームコーナーにプリクラ機が二台ほどあっ

(4)　社会学科三年、木原菜美。

たようで（一台は古めの機種のようで、もう一台は新しめのようだった）、予備調査に訪れた時に女子中高生が利用していた。今回プリクラのコーナーを設けるということは中高生にとっては嬉しいことだろう。友達と遊んだ際にプリクラを撮るということがもはや一種のコミュニケーションになっている。気軽に立ち寄れて楽しめるカワイイ空間をつくることでそこに若者も集まるはずだ。コスプレもできるということに関しては、最近コスプリという言葉もよく耳にする。簡単に衣装を借りられる雰囲気を出せば利用する人は更に増えるのではないだろうか。月一程度でプリクラの日を設けて一回三〇〇円にするなど中高生には嬉しいイベントのようなものをやってもいい。また近くに休憩スペースを設けることでプリクラを撮り終わってからお喋りする時間がつくれると思う。ただ単に、プリコーナーを作るだけでなく、座って休憩できる場所もまた重要なのではないか。これを機に中高生のコミュニケーション空間になったら嬉しい。

5 食を媒体として集まる空間(5)

普段東京から離れることがない私にとって、街には人が溢れているのがあたり前のことだった。しかし、酒田市は大丈夫なのかと心配したくなるほど人が少なく、私の街に対する常識を覆した。人が集まる渋谷や原宿と、そうでない酒田の違いはどこにあるのか。もともとの人口の差はあると仮定しても、である。予備調査の酒田まつりに訪れた時は、まっすぐ歩けないほど人で溢れていた。県内外から人がわざわざやってくるのは、酒田まつりやディズニーパレードといったイベントがあったからである。実際、人が集まることが可能な都市であるにもかか

(5) 社会学科三年、森下奈美。

わらず、普段、人がいないのは、その街のトレンドの有無に関係すると考える。渋谷や原宿は流行の発信地とも言われ、一年中全国各地から人が集まり賑わっている。それらの街はたびたびマス・メディアによって取り上げられ、テレビや雑誌で見ない日はない。

『メディア文化の街とアイドル』に「人が集まるということは、多くの人びとがそこに出かけたい強い理由があるからだ」とあるように、酒田に出かけたいと思うような魅力に欠けているのではないか。そこで、今回のシンポジウムでは「行きたくなる街酒田」を目指し、酒田の地元料理、食空間を中心に、その土地特有の文化を発信するような視点からみていきたいと考える。

予備調査では「伊豆菊」で庄内地方の新鮮な魚介や、むきそばのような地域に根差した料理をいただいた。他にもたまご寒天や芋煮といった料理を味わった。地元ではメジャーでも、県外に出てしまうとあまり知られていない料理の数は多い。そのような酒田の食文化を発信すべく、何か取り組みができればと考える。清水屋1Fのお弁当惣菜コーナーを例に、こんなお弁当なら食べてみたいと思えるような学生が考える数量限定、または期間限定弁当の発売を検討して欲しい。今回、ロアジスの料理教室ではお話を伺うことができなかったので、次回は料理教室の魅力や訪れる人びとの客層などを聴いてみたい。

料理教室については、単に調理指導だけを目的としたものではなく、コミュニケーションツールとして、人と人が「食」を通じて楽しくつながる場所であると考える。一般に、専業主婦は社会から取り残され、人とのかかわりが減ってしまいがちである。そのため、料理教室はママ友との交流を深めるだけでなく、そこで身に付けた調理技術を生かし、日々食事をともにする家族とも美味しいごはんを食べながら楽しい時間を過ごすことにもつながる。「本能的な営みのひとつである〝食べる〟という行為を共におこなうことは、お互いの心を解放し合うのに圧倒的な効果を上げる」というのが以前メディアで取り上げられていた。食事の場では非常に良好なコミュニケーションが培われるのだという。両親の共働きなどで子どもが一人で食事をする「孤食」の意味に加え、一緒に食事をしているにもかかわらず、別々のものを食べる「個食」。食生活の不健全さが叫ばれる昨今、改めて食の重要性について考えたい。そこで、フィールドワークの体験が、日本の社会における食事の形態の移り変わりや、地域と食卓の関係性などについて考える契機となった。

6 フレンチとスイーツのエリア(6)

酒田市を訪れて、最初に街には人が少ないことが印象的であった。とくに若者の姿があまり見られなかった。酒田には山と海があり、多くの自然が感じられた。「伊豆菊」や「欅」では、地元ならではの食材を生かした大変美味しい料理をいただいた。

中心商店街ではあまり人をみかけなかったが、マリーン5清水屋には多くの人が買い物に訪れていた。入口を入ってすぐにイスがあり、ミネラルウォーターを提供していてそこで休憩している人びとの姿もみられた。また、各フロアにもいくつかイスが設置してあり、買い物に訪れた人びとが荷物をまとめるのに使用でき、休憩できるようになっていた。お客さんに優しい心配りがされていたのがとても印象的だった。高齢者も増え、途中途中にそのようなフリースペースがあることはとても大事に思う。さらに、書店のなかにもイスとテーブルがあり、そこでくつろいでいる人びとの姿もみられた。

(6) 社会学科三年、芹澤美月。

全体的に清水屋をみれば、洋服・書店・食事場所などが揃い、買い物をするには十分であると感じた。

1F食品コーナーでは新鮮な魚介類の専門店が目を見張った。惣菜の種類も豊富であった。「うめの花」のお弁当は肉や魚などとにかくおかずの量が多く、部活等をやっている学生には喜ばれる。また、学割サービスは中高生にはありがたいと思う。また、「ミソノダイニング」のお弁当は容器のデザインが素敵で、バランスのあるスマートな印象を受け、東京だったら女性客に人気が出ると思う。

「ブラッスリーロアジス」は、ショーケースにシュークリームやタルトなどのスイーツが並び、カフェのようなスタイルで、おしゃれで落ち着く空間であった。買い物に訪れた人が休憩にお茶をするのにちょうどいい。ベーカリー「モン・リブラン」ではバリエーションある美味しそうなパンが数多く並び、夕方からは割引セットもあり、手頃に焼き立てパンをいただける。食品コーナーでは、夕方から割引セールも実施されており、家族や独身者などにも嬉しい惣菜となっていた。また、駄菓子コーナーに目が向いた。小さい子どもや中高生、大人にも関心がおよんでいたが、実際にそれを購入する人はどの程度いるのか気になった。

土曜市は多くの人で賑わっていた。野菜や果物が山のように積まれ、大変安く販売していた。一週間に一度の曜日別のお買い得日は、それを目的に百貨店に足を運ぶことになり、訪れる人も増えるので、もっと曜日別イベントは積極的に進めてもいいのではないか。

2Fファッションのフロアはそれぞれの店が区切られておらず、内装もとくにこだわっていないため、店舗の違いが分からなかった。全体的に地味なイメージであった。それぞれの店のイメージに合わせたカラーなどを内装に使って華やかにする工夫が必要ではと感じた。ファッションブランドは主に年齢層が高いが、「COCODEAL」や「snidel」、「PAGEBOY」などの若者向けのものもあった。4Fフロアは、中高生や子ども向けにキャラクターコーナーもあり、新しくプリクラコーナーも用意されているが、今後、中高生らの若者が足を運ぶような状況になるのであろうか。6Fに完成したミュージアムホールでは、清水屋イベントの開催もあり、買い物をすることだけではなく娯楽性のある楽しめる空間となっている。そこでは、地元の小学生のダンスグループにダンスを披露してもらうなど、幅広い世代を清水屋に呼び込む方策になるのではと興味を抱いている。

7　デパイチの魅力(7)

酒田市のマリーン5清水屋および中町中心市街地での予備調査のなかで、酒田市の文化や街並み、現状を直接感じることができたが、地方都市の百貨店は東京の百貨店とは全く異なるものであった。中身や顧客層、経営戦略等、その地域性に沿ったものになっており、大変興味深いものであった。

清水屋1Fの食料品コーナー、通称デパイチの惣菜コーナーには、5店舗のお弁当や惣菜が並んでおり、種類も多く、味の好みや価格帯などによる選択も多様にできるようになっていた。和惣菜は「香梅咲」「ミソノダイニング」「うめの花」「そばやの惣菜」、洋惣菜は「ロアジス惣菜」がある。この5店舗の惣菜にはそれぞれの特徴があった。

まず、「うめの花」は弁当中心でとてもボリュームが多い。おにぎりの選べる幕内弁当も置いてあり、工夫も凝らされているように感じた。しかし、予備調査出発前のゼミナールの話し

(7)　社会学科三年、南友里衣。

合いで取り上げられていたように、ご飯の上にぎっしりとおかずが乗せられている種類ばかりで、他の惣菜店と比べて際立って量が多いようにみえる。さらに容器の色も黒と暗く色彩がなく、全体的に重い印象を受けてしまうものであった。「香梅咲」は主に惣菜が置いてあり、価格は少し高く、量は少し少なめであった。地元老舗料亭の惣菜と伺い、納得した。「ミソノダイニング」は惣菜の種類、弁当の種類は共にそろっているように感じた。価格帯はうめの花と大差はなかった。弁当の中身もすっきりとしていておかずの彩りもよく、さらに容器の色が白のため明るくみえ、とても見栄えよく感じた。お弁当の大きさはうめの花よりも小振りで女性や年配の方が食べるのに丁度よいくらいの大きさであった。さらに小振りな分、弁当と一緒に惣菜を合わせて買いたい欲求にかられるのではないかと思った。「そばやの惣菜」は弁当が少なく、惣菜が中心だが種類は豊富であった。麺類のお弁当が多く、これらは美味しそうだが、選ぶのは難しそうな印象を受けた。

「ロアジス惣菜」はレストランらしく価格が高く、他の惣菜屋に比べてもっとも高級な印象を強く受けた。ロアジスは5Fにレストランがあり、そこで食事をしてその流れによって、1Fの惣菜を購入すると思っていた。しかし、買いに来る人びとはシェフ（キーパーソン）のネーミングや味に沿って購入するため、そのような流れではないという話を伺った。ロアジス惣菜は、高価格ながらも太田グランシェフというキーパーソンの存在が大きな役割を果たしている。

惣菜コーナーを検証する過程で、ミソノダイニングのイメージのよさがゼミでは際立っていた。実際にビジュアル的要素も含め、その要因を考えると人びとの購買意欲をそそる条件が揃っているように思った。お弁当や惣菜の価格やお弁当の彩りといった見た目の印象、おかずなどの量も三〇代以上の顧客層の清水屋に合っている。そしてお弁当プラス総菜の種類も豊富なため、一回買った後、また次回リピートしたくなる。このようないくつかの要因が、ミソノダイニングと他の惣菜店との差を生んでいるのだろうと考えた。

逆に他の店舗の場合、やはり量や視覚的な原因もある。容器やおかずの盛り込みすぎにより見栄えがマイナスの印象になるのに加え、顧客層である中高年に合った量の弁当ではない。これを改善していかなければ厳しい状態が続いてしまうのではないだろうか。商品販売には、来客の年齢や嗜好など、求めているものに応える柔軟性などに沿った内容を用意していく必要性も感じないではいられなかった。学生という、素人の判断ではあるが、客観的に考えてそのような見方をせざるを得なかった。

8　土曜市にみる地元産マーケット(8)

今回の予備調査を経て、実際に現地に訪れないと分からなかった、酒田の中心市街地での人の流れ、人びとの温かさ、食の充実など、多くの発見があった。

朝一〇時前に清水屋を訪れると、開店前から人がエントランスに集まり、土曜の朝にもかかわらず、すでに約二〇名開店待ちの人がいた。中心市街地の衰退が進んでいると聞いていたのでこの状況を見て、正直驚いた。交通の便も整っていて、私の地元にも昔ながらの百貨店があるが、様子はあまり変わらない印象をもった。

また、清水屋の調査で私が一番気になったのが、人の流れである。開店と同時にどのような層の客がどの方面に流れていくのか、目的をもって入店しているのかなどをチェックした。開

(8) 社会学科三年、白井綾香。

店と同時に客の流れについて追うことは完全ではなかったものの、土曜の朝は、親子連れは中央に進み、数名の婦人方は靴店を目指した。ほとんどの人が直進して、1F食品か、エスカレーターで上階にのぼった。店内に入ってからの行動に迷いがないことから、開店前から待っていた人たちは、目的をもって清水屋に訪れていることがよく分かった。二日目の日曜日は、土曜よりもエントランスで開店を待っている人が少なく、約九名であった。しかし、一〇時に「るんるんバス」が到着すると、バスから降りた乗客が入店してきた。これは仮説になるが、「るんるんバスと清水屋の集客数が密接に関係していて、土曜と日曜の時刻表の違いから、朝の人の流れに違いがみられた」のではないかと思った。ちなみに、日曜は1Fにとどまる人が多かった。なぜ、二日間の開店後の人の流れにこのような違いが生じるのか知りたいと思った。百貨店は目的をもって出かける空間、目的をもった行動から、人びとの流れの先には清水屋ならではの魅力があるはずだ。その人の流れ、行動パターンを分析することで清水屋の強みがわかるのではないかと思った。

また、開店前のエントランスは、高齢者にとってのコミュニケーションの場として機能しているようで、婦人が座っていると、つぎつぎと周りから同じく婦人たちが話しかけ、一つのコミュニティが成り立っているように感じた。都市の規模が大きいところでは、地域のつながりが弱く、社会的孤立をしている高齢者が問題視されているなか、この場のこの時間は高齢者にとって、人とのつながりを感じられる欠かせない空間なのだと思った。

また、百貨店に強みを感じるのは、質のよさと、価格の安さである。土曜市や、フリマの盛り上がりからわかるように、土曜市での青果の質のよさ、量、あの価格は他に真似できない部分である。パン屋やお弁当屋も手作り感満載で、人の温もりを感じられるものが破格で買えるのは清水屋の強みであること間違いない。また、学割などのシステムを導入したのはとてもよい方向に向かうと思える。

しかし、食品フロアは盛り上がりを見せるが、ファッションフロアはあまり回転率がいいとはいえなかった。清水屋は都合上、一つ一つのショップを分けたり、ブランドごとに内装を変えることはできないので、どうしてもブランドそれぞれのカラーが出せず、すべて同じように思えてしまう。ここが大きな課題であると思った。

9　百貨店のフリーな空間を楽しむ(9)

生まれてからずっと東京に住んでいる私は常に人がいる状態で生活をしてきた。しかし、酒田市を訪れ中心市街地である中町商店街には人が少ないということに驚いた。商店街は閉まっている店が多く、人もまばらだった。若い世代の人はあまりみかけられず、基本的には年齢層が高めの方のほうが多く目立っていた。若者といえば、中高生ばかりで、制服やジャージ姿が多く、ファッションに関する情報や人に見られるという感覚があまりないのではと思った。このような状態が続けば、一〇年二〇年後の酒田の街がどうなっていくのか心配になってしまった。

そんな状況で、酒田の中心市街地中町を歩いて一番人が多いと感じたところは百貨店である清水屋だった。一〇時オープンの清水屋の開店前にお客さんが並んでいた。そして、開店前の清水屋では、コミュニケーションを取っている人も多く見受けられた。清水屋のエントランス部分にはベンチや、無料で飲める水もあり、ここでのコミュニケーションが可能になっている

(9)　社会学科三年、伊東霞。

と思った。そして、清水屋を出て帰る際にも、清水屋の目の前にバス停があるため、バスが来るまでエントランスでコミュニケーションを取っていた。このようなコミュニケーションは東京ではなかなかみられることがない。今日、携帯という便利な連絡手段があるため、若い人びとは約束を取りつけて会うということが多い、この清水屋はたまたまそこに集まった人びとによってコミュニケーションが成立する、そんな姿をみることができた。

つぎに、清水屋の1Fにはデパイチというういわゆる百貨店でいうデパ地下にあたる場所がある。ここには鮮魚売場・お惣菜・お弁当・ベーカリーショップとここに来て買い物をすればすべてのものが揃う場所になっている。とても便利な空間である。お惣菜・お弁当に関しては、一般の人に合わせたものである「うめの花」「そばやの惣菜」「モン・リブラン」や、ちょっと近寄り難いハイクラスの「香梅咲」「ブラッスリーロアジス」にその中間点でもある「ミソノダイニング」に分かれている。そして、若い人、主に学生向け用の駄菓子屋さんコーナーもある。しかし、1F食品エリアをみて感じるのは、店内が全て同じコーナーに見えてしまっていることだ。せっかくそのお店ごとの特色を生かした商品がたくさんあるのにそれが目立たなくなってしまっている。駄菓子屋さんは陰のスペースで、近寄ってからではないと分かりにくい。少し違うブースのようになっているが、もう少し目立たせてもよいのではないかと思った。目的をもって来店していない人には目につかない、あらたな客層を得ることも考えるべきではないか。

酒田を訪れ多くのことを発見することができた。酒田は海と山に囲まれているため自然が豊富で、環境が整っている。食事に関しても、本当に美味しいものが多く酒田独自の「酒田フレンチ」という名がつくように文化に関しても一歩先を進んでいる。せっかく素晴らしい街である酒田市のことを、酒田に住んでいる若い人たちが知らなかったりするのは残念に思う。これから先、若者が酒田を引っ張っていく、その若者が中心市街地をどのように考えているのか。SCで時間を費やすことで満足しているのか。

清水屋を中心とした伝統的な中町商店街に若者も少しは魅力を感じるような環境を形成する必要がある。それは、若者向けのコミュニケーションエリアなのか。いまの中町商店街には、若者向けのコミュニケーションエリアは存在しない。若者向けにある「モアレ」のようなジェラート店だけではなく、ファッションやカフェや食事をするところの意味をあらためて再考することが重要ではないか。清水屋に七月に設置されたプリコーナーも若者が集まるあらたなコミュニケーションエリアの可能性がある。ファッション環境の意味をもう一度考えることでつぎのステップになると思う。

10　シンポジウムをとおして考える(10)

六月の予備調査に続いて、一〇月に本調査を実施した。フィールドワーク全体について、予備調査から四か月ぶりに酒田市を訪れてみたが、人の流れは以前と同じであり、酒田らしいゆったりした時間と、人びとの地元愛に充ちた街であると実感した。そして今回は酒田市役所の表敬訪問、またシンポジウムでは地元関係者の方々の参加もあり、多くの方々と意見交換する機会を得た。

シンポジウムについては、今回、発表者のメンバーをサポートする形で、パワーポイントを担当した。しかし、先生から配布された資料はなかなか読み解くのに時間がかかり、また後期

(10) 社会学科三年、九石楓夏。

のゼミナールがはじまってから一週間後には本調査が控えていたためパワーポイントをつくるのは時間との戦いだった。去年のパワーポイントと見比べ、どのようにつくれば分かりやすいか、見やすいかなど試行錯誤を重ねたが、発表者としっかり打ち合わせができず不安なまま本調査を迎えた。毎晩、毎晩、三年生のメンバー九人が私の部屋に集まりパワーポイントの発表に矛盾、変更点がないか読み合わせをしたが、シンポジウムのリハーサルで先生からお褒めのお言葉をいただけるまでは自分のパワーポイントでみんなの足を引っ張ってしまうのではないかと不安でいっぱいだった。

シンポジウム当日を迎え、発表者や討論者のメンバーの顔が見える位置に座っていた私はみんながとても緊張しているのをひしひしと感じていた。何があってもとくに席の近い司会者のゼミ長たちを不安にさせてはいけないと笑顔でいようと心に決めていた。しかし、思った以上にフロアからの質問意見が少なく、対応していた学生どうしの討論がうまくかみあわず、司会の二人の顔がどんどん曇っていった。そこでうまくフォローすることもできず、みていることしかできなかった。前半は予定より早く終わってしまい、後半は予定より時間がおしてしまうというハプニングは戸惑いもあった。いま振り返れば、そこでどうやってかわしていくかということを自然と考えさせられたことで、貴重な経験だったと思う。

収穫や課題としては、いちばんの課題はフロアで、「いかに自分たち学生が、シンポジウムの参加者集めをしてきたのか」ということである。先生のポスターや呼びかけに頼るのではなく、私たちの研究発表の場であるので、自分たちからもっと行動を起こすべきではなかったかと。

また、前半の部終了後、一人の参加者が帰ろうとしていたため挨拶をした時、今回のテーマである「中心市街地から発信するメディア文化―ファッション・コミュニケーションと百貨店―」の「発信する」という部分にもう少し重点を置くべきであったのではないかとのお言葉をいただいた。くちコミなどは有力な客寄せの方法となるかもしれないが、ただのくちコミでは既存客しか呼び寄せることはできない。清水屋を利用していない新規客を呼び寄せるためにどのような方法があるのか、たしかにその部分について私たち学生の認識は低かったと思う。その点を課題に来年の三年生には調査を引き継いで欲しい。

この四泊五日で得たものはとても多い。本調査の四泊五日はとても長く感じるようだが、正直時間は全くといっていいほど足りていなかった。もっともっと話し合って深いところまでみんなで理解を共有しあえればもっともっとよいシンポジウムになったのではないか。しかし何より、このシンポジウムをとおして三年生の団結力は強くなったと実感した。また、普通の学生では味わえないであろう貴重な経験をたくさんさせていただいた。それはこれからも私の人生のなかで誇りになると思っている。先生には予備調査に引き続き、多くのすばらしい経験をさせていただきました。本当にありがとうございました。

（清水屋さんが大きくなって、活気あふれる百貨店になることを私たち一同応援しております）

結び

中心市街地の伝統と進化

1　中心市街地の文化的再生産

全国各地の中心市街地は、政治・経済の中心地であるばかりか、歴史的発祥の地でもある。そこに人が集まり、集落を構成し、季節をとおして、さまざまな行事がおこなわれる。伝統文化といわれるものである。それは史跡や歴史的建造物にみることができる。人が生活する拠点の証しでもある。時を経て、人の集まる場所は、進化し、生活の拠り所とする商店街ができ、行政機関、金融機関、医療機関などが集まってくる。いつしかそこは中心市街地と呼ばれることになる(1)。

ところが中心市街地と呼ばれるエリアは、人びとの生活圏内であり、徒歩で用事をすますような機能になっている。人間生活の発達は、生活様式と行動様式の変化を促し、利便性追求の最たるモータリゼーションが完成する。人口の増大は、都市化の進行を生じさせ、かつての中心市街地の機能に危機が押し寄せた。中心市街地という社会システムにゆがみが生じ、構造変動を引き起こすことになった。その流れは地方都市に顕著にみられるようになった。流れは、

(1)　歴史的な伝統をふまえ公的な機能を備えた中心市街地は揺るがない。

中心市街地から郊外へと移ることになった。

この流れの根底にあるのはモータリゼーションという車社会のみで語ることはできない。中心市街地になく郊外にあるのは、そこに人びとが向かう理由があるからだ。(2)この問題については、既に論じてきたので、論点だけまとめると、メディア環境の影響が大きいことである。利便性ということは当然のように、そこには娯楽的な要素が盛りだくさんという現実がある。地方都市ならなおさら、大都市のような施設が多いわけでもなく、郊外の一大娯楽拠点で時間を過ごすであろう。そんな流れが長く続いてきた。

しかし、時間の経過は、別の機能を要求する人びとの意識の変化を呼んだ。コンパクトシティという機能だった。それはかつての中心市街地にあった機能である。徒歩により安全・安心なセーフティゾーンとしての役割をもつ街。人工的な娯楽施設ではなく、歴史的な地域特有の、その地域に根差した、沿った文化的な環境である。(3)当然のようにメディア環境もカバーするような環境である。かつての賑わいを取り戻すことはとてもできない。人口論的な問題や、社会構造的にそれを要求するのは不可能である。だからこそ大規模な賑わいではなく、その地域に沿ったコンパクトな賑わい、それが時には人がより集まるような状況を生み出すかもしれない、そんな環境を構築する。それが中心市街地の文化的再生産である。

2　百貨店を軸としたトータルコーディネイト

酒田の中心市街地中町の衰退も著しい。けれども、春の酒田まつりをはじめとして、主要な行事はここ中町から発信する。夏の港まつり、秋のどんしゃんまつり、そして冬の日本海寒鱈

(2) 人びとの機能的要件充足は、何を目的としたものなのか。何を充足したいのか。

(3) 文化的機能を有する中心市街地への回帰。

まつり、いずれも中心市街地からスタートする(4)。街並みは変化しても、郊外の施設のように人工的ではない。地元のホームタウンである。伝統の根差した場所である。このような歴史的背景は大きい。この大きな重みこそ、その地域に沿った文化的側面である。いまは大規模でなくても、コンパクトななかに伝統の重みを活かした街というものが存在することを第一に考えるべきである。

人工的な産物ではない歴史的な伝統を生かしたスタイルの構築、メディア環境の要素も含んだエリアである。コンパクトシティに必要なもう一つの文化的側面、それを発信する役割を中心市街地のシンボルである百貨店に置きたい(5)。

ローカル百貨店「マリーン5清水屋」の方向は、文化的な側面、ファッション性の高いスタイルを提供することを目的とした。ファッションとは人びとのライフ・スタイルに直接かかわるトータルコーディネイトである。「衣」と「食」と「住」を充たす環境形成。商品販売中心ながら、さまざまな文化を発信する。本書で取り上げた、衣食住それぞれに沿ったステージを用意すること。大都市でもない、郊外でもない、中心市街地にそのステージをつくり、コンパクトシティのエンタテインメントである娯楽性のある部門を提供する。コンパクトシティの鍵をにぎるローカル百貨店がこの二年のあいだに大きな動きをみせた(6)。

地元の人びとの文化的なライフ・スタイルをカバーするメディア環境を一つ一つ進めたことに注目したい。一地方都市のローカル百貨店の取り組んだ具体的な事例を再確認し、もう一度トータルコーディネイトの意味を考えて欲しい。

---

(4) 中町は中心市街地であるという事実、揺るぎのないもの。

(5) 中心市街地は機能的要件充足の場。

(6) コンパクトシティに必要な娯楽性を発信するエンタテイメント空間。

3　ファッション・コミュニケーション・エンタテインメント

文化とは衣食住を中心とした人間の生活様式・行動様式である。ファッションとは、衣服に装飾品、身体的に受ける社会環境を含んだスタイル。トータルコーディネイトはその直接的な表現である。人間関係を媒体しているのはコミュニケーションであり、コミュニケーションのスタイルも多様である。いろんな人間関係にコミュニケーションをみる。誰もが心地よい空間で充実した時間をおくりたいと願う。人間関係が豊かで、それを満喫する空間、それはエンタテインメントを演出する環境である。ここにファッション・コミュニケーション・エンタテインメントの図式が揃うことで、機能的要件充足としての文化的な充足度をみることになる。(7)

本書で語られてきたことは、その理論的な意味を実践的な形で実行に移してきた過程をたどることにあった。単に、そうした語句や用語を並べるのではなく、そこにある概念を明らかにし、それをいかに適用するか、それが実際にどう変化していくのか、社会学とビジネス世界の一つの実験的な試みである。二〇〇九年に地元の若者にファッション的な内容の調査を実施、その回答に沿って、百貨店が取り組んだ。(8) 中心市街地の衰退が叫ばれて久しい中町も、コンパクトシティの位置づけに従い、そのキーになるのは、メディア文化的な娯楽を発信するマリーン5清水屋であること。そして今回、これからの中心市街地の文化発信には、ファッション性、コミュニケーション性、そしてエンタテインメント性を包含したスタイルによって、進めていくことに可能性を見出した。

---

(7) あらためて文化的な「衣」ファッション、「食」コミュニケーション、「住」エンタテインメント空間。

(8) 「マリーン5清水屋」が若者の声に応えて取り組んだ環境形成。

4 懐かしき伝統から地域のトレンド発信

この三つの概念は、いまはじまったものではない。酒田市にはメディア文化的な環境が存在していた。二〇〇六年の研究でそれも論じた。ファッションは「中町ファッション」、コミュニケーションは「地元フレンチレストラン」、エンタテインメントは洋画専門館「グリーン・ハウス」であった(9)。大都市に出かけなくても、基本的なメディア文化を充足することができた。著者はそれを長いあいだ実感して今日にいたった。一〇代の頃に、メディア環境を大都市レベルで経験できたことは、自分の誇りになった。

しかし、一九七六年の出来事でシステムが崩れてしまってから、そこに中心市街地衰退問題も重なり、システムの修復は追いつかないまま、いまを迎えている(10)。かつての中町のメディア文化を知る人びとにとって、当時の環境を甦らせるべく試みが繰り返されてきた。それぞれに意味のある取り組みは結局、最初の話題だけに終わり、つぎはない状態がずっと続いている。これまで中町で企画したスタイルは、他の市町村で模倣され、あらたな街の賑わいにつなげている。しかし、酒田市での実現は厳しいものがあった(11)。

そんな状況のなか、高校生調査や大学生の声などの意見を真摯に受け入れ、その試みの実現に動いているのがローカル百貨店清水屋だった。かつての中町にあった懐かしい想い出や伝統をふたたび今日的に甦らせ、あらたな文化発信につとめることになった。中町はおしゃれな街、カワイイ姿で買い物をしよう。地元の食材を用いた大都市に負けないレストランの味。ファッション的なスタイルでイベントに出かけよう、そうしたステージの提供。一九七〇年年代に全

(9) 一九七〇年代にメディア環境の要因が揃っていた中町。

(10) 一九七六年、一〇月二九日の酒田大火。仲川秀樹、二〇〇六年、『もう一つの地域社会論—酒田大火三〇年、メディア文化の街ふたたび—』学文社を参照。

(11) 酒田市、酒田市民全体の協力サポート関係がなければこの街の再生は厳しい。

盛だった中町のメディア環境。懐かしきメディア文化の伝統から、いまの地域のトレンドを発信させる。マリーン5清水屋の取り組みに注目したい。それは、ローカル百貨店の挑戦である。

〈参考文献〉

・仲川秀樹、二〇〇六年『もう一つの地域社会論―酒田大火三〇年、メディア文化の街ふたたび―』学文社
・仲川秀樹、二〇〇五年『メディア文化の街とアイドル―酒田中町商店街「グリーン・ハウス」「SHIP」から中心市街地活性化へ―』学陽書房
・仲川秀樹、二〇一〇年『おしゃれとカワイイの社会学―酒田の街と都市の若者文化―』学文社
・仲川秀樹、二〇〇四年「地方都市活性化の試みと世代間にみる影響の流れ―酒田・中町商店街活性化のプロジェクト意識をめぐって―」『日本大学文理学部研究費研究報告書』日本大学文理学部
・仲川秀樹、一九九四年「地方都市の若者文化とマスコミの役割」『日本文化論への接近』日本大学精神文化研究所
・『酒田市大火の記録と復興への道』一九七八年、酒田市

や　行

ら　行

わ　行

た 行

な 行

は 行

ま 行

索　引

あ 行

か 行

さ 行

著者紹介

成澤　五一（なりさわ　ごいち）

1935年　山形県鶴岡市出身
1960年　山形高等経理専門学校卒業
1960年　株式会社清水屋入社
　　　　取締役，常勤監査役，株式会社中合合併後，常勤監査役
2007年　株式会社酒田セントラルビル代表取締役
2011年　株式会社マリーン５清水屋社名改称

現　在　株式会社マリーン５清水屋代表取締役
　　　　有限会社ケイ・エス庄内代表取締役

報告書　「清水屋の再生と地方百貨店から発信する文化」日本大学社会学科，2012年
　　　　「地方百貨店から発信する文化，ローカル百貨店の文化性」日本大学社会学科，2013年

仲川　秀樹（なかがわ　ひでき）

1958年　山形県酒田市出身
1983年　日本大学法学部新聞学科卒業
1988年　日本大学大学院文学研究科社会学専攻博士後期課程満期退学

現　在　日本大学文理学部教授
　　　　大妻女子大学講師，フェリス女学院大学講師

専　攻　マス・コミュニケーション論，メディア文化論，社会学理論

単　著　『コンパクトシティと百貨店の社会学』学文社，2012年
　　　　『おしゃれとカワイイの社会学』学文社，2010年
　　　　『もう一つの地域社会論』学文社，2006年
　　　　『メディア文化の街とアイドル』学陽書房，2005年
　　　　『サブカルチャー社会学』学陽書房，2002年
共　著　『メディアとジャーナリズムの理論』同友館，2011年
　　　　『マス・コミュニケーション論』学文社，2004年
　　　　『情報社会をみる』学文社，2000年
　　　　『人間生活の理論と構造』学文社，1999年
　　　　『現代社会の理論と視角』学文社，1995年

ファッション・コミュニケーション・エンタテインメント
―ローカル百貨店の挑戦―

2014年9月30日　第一版第一刷発行

著　者　成澤五一
　　　　仲川秀樹

発行所　株式会社 学文社

発行者　田中千津子

東京都目黒区下目黒3－6－1
〒153-0064　電話(03)3715-1501（代表）振替　00130-9-98842
http://www.gakubunsha.com

落丁，乱丁本は，本社にてお取り替えします。　印刷／新灯印刷株式会社
定価は，売上カード，カバーに表示してあります。　<検印省略>

ISBN978-4-7620-2478-8

仲川秀樹 著

もう一つの地域社会論

—酒田大火 30 年、「メディア文化の街」ふたたび—

本体2300円＋税
ISBN978-4-7620-1605-5
C3036　A5判　232頁

大火から 30 年—酒田の「グリーン・ハウス」が残したメディア文化のいま。伝統の「酒田舞娘」、現代の「商店街発アイドル」。進行するさまざまな地域再興プロジェクトを密着取材。視覚を変えた地域社会論を論じた、必読書。

仲川秀樹 著

“おしゃれ”と“カワイイ”の社会学

—酒田の街と都市の若者文化—

本体2500円＋税
ISBN978-4-7620-2092-6
C3036　A5判　256頁

メディア文化の街—『おくりびと』アカデミー賞効果、ドラマロケ。映画館復活のゆくえ。若者たちのファッションやトレンド意識は？ 800 人の調査をふまえて。さらに地方都市の抱える課題に対応すべくあらたな方向性も示す。

仲川秀樹 著

コンパクトシティと百貨店の社会学

—酒田「マリーン５清水屋」をキーにした中心市街地再生—

本体2600円＋税
ISBN978-4-7620-2249-4
C3036　A5判　272頁

コンパクトシティ機能をもつ「酒田の中心市街地・中町」郊外型ＳＣ全盛のなか、中心市街地は維持できるのか？多彩なフィールドワークをふまえ、コンパクトシティの可能性を社会学的に探る。